FERRET 1978

DE

L'INCAPACITÉ GÉNÉRALE

DE LA FEMME MARIÉE

ET DES MOYENS DE LA RESTREINDRE

PAR

M. ROGERY (Marie-Joseph-Gabriel)

DOCTEUR EN DROIT, AGRÉGÉ DES LETTRES
PROFESSEUR DE RHÉTORIQUE AU LYCÉE DE MONTPELLIER
OFFICIER D'ACADÉMIE

Prix : 3 fr.

MONTPELLIER
IMPRIMERIE GROLLIER ET FILS, BOULEVARD DU PEYROU, 7 ET 9

1886

DE

L'INCAPACITÉ GÉNÉRALE

DE LA FEMME MARIÉE

ET DES MOYENS DE LA RESTREINDRE

PAR

M. ROGERY (Marie-Joseph-Gabriel)

DOCTEUR EN DROIT, AGRÉGÉ DES LETTRES
PROFESSEUR DE RHÉTORIQUE AU LYCÉE DE MONTPELLIER
OFFICIER D'ACADÉMIE

Prix : 3 fr.

MONTPELLIER

IMPRIMERIE GROLLIER ET FILS, BOULEVARD DU PEYROU, 7 ET 9

1886

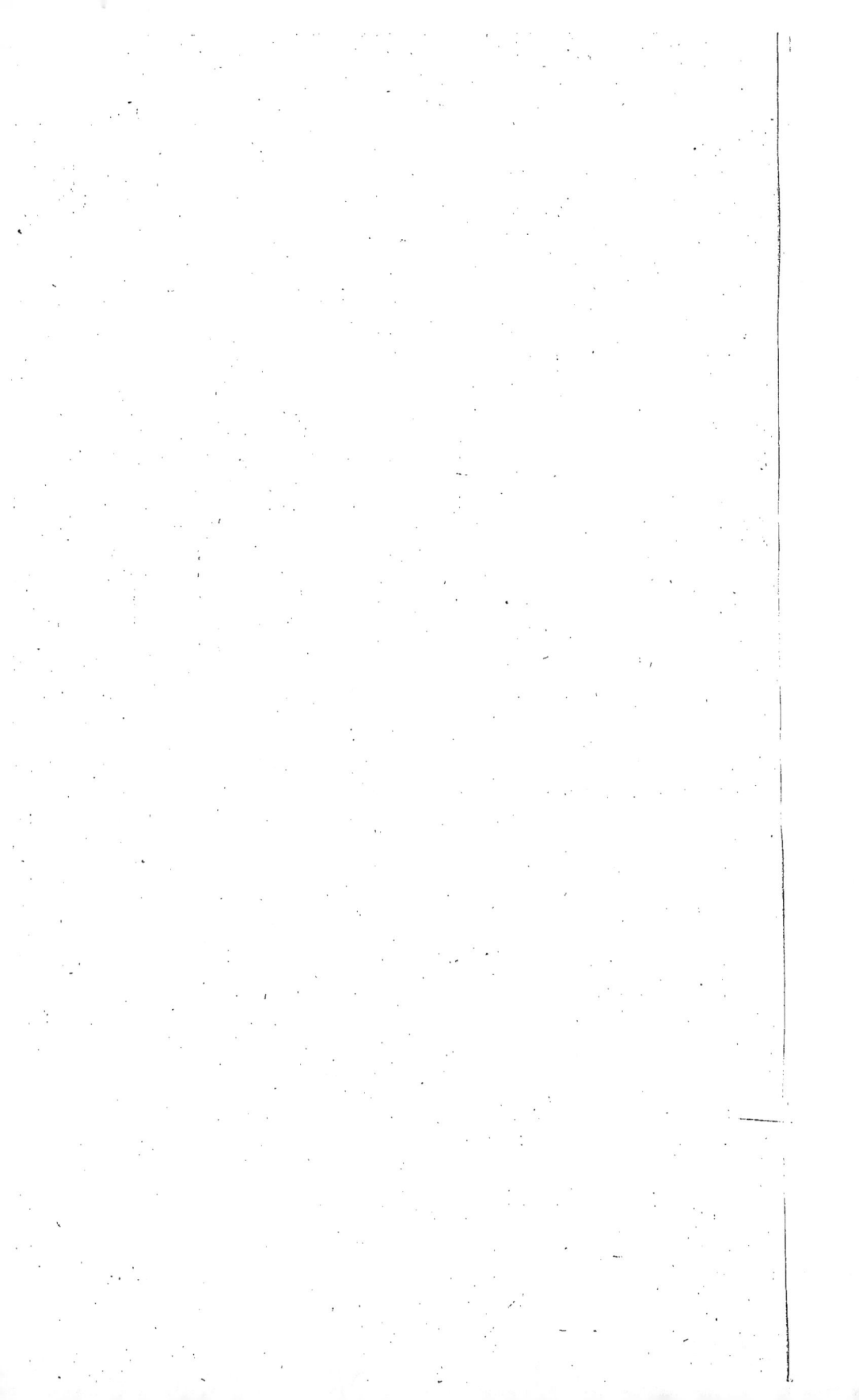

DE

L'INCAPACITÉ GÉNÉRALE

DE LA FEMME MARIÉE

ET DES MOYENS DE LA RESTREINDRE

BUT DE CE TRAVAIL

Je ne me propose d'étudier dans cette thèse que deux points et pas davantage :

1° L'incapacité de la femme mariée telle qu'elle résulte du droit commun, c'est-à-dire du régime de communauté légale ; 2° les restrictions que l'on peut apporter à cette incapacité générale, de façon à rendre la femme plus indépendante de l'autorité maritale qu'elle ne le serait de droit commun.

Ce résultat s'obtient par cinq moyens : 1° la séparation de biens conventionnelle ; 2° la séparation de biens judiciaire ; 3° le régime dotal sans dot ; 4° le régime dotal avec dot, mais aussi avec paraphernaux ; 5° l'adoption de certaines clauses par lesquelles les femmes communes en biens (A. 1387), non communes (A. 1534) et dotales (A. 1549) se réservent par contrat de mariage une indépendance pécuniaire qui ne cadre pas avec le régime matrimonial adopté par elles.

1*

PREMIÈRE PARTIE

—

CHAPITRE Iᵉʳ

Historique de l'incapacité de la femme mariée

A Rome, dans l'ancien droit, la femme, fille, épouse ou veuve, est toujours sous l'autorité d'un tiers. Fille, elle subit la *patria potestas ;* épouse, la puissance maritale et aussi la *manus mariti,* du moins en général ; devenue *sui juris,* elle est en tutelle perpétuelle. Ainsi quatre pouvoirs domestiques limitent dans tous les sens l'indépendance de la femme : la puissance paternelle, la puissance maritale, la tutelle et la *manus,* qui s'exercent sur sa personne et qui s'appliquent aussi à ses biens. La puissance paternelle et la tutelle des agnats ne rentrent pas dans le cadre de notre étude ; nous les laissons donc de côté pour ne parler que de la femme mariée et de son incapacité spéciale. Quand la femme n'est pas *in manu mariti,* le mariage laisse les intérêts pécuniaires des époux parfaitement distincts, à moins qu'il n'intervienne entre eux un contrat de société. La dot excepté, les biens de la femme lui restent propres ; seule elle a la jouissance et l'administration de ses biens, sur lesquels le mari n'a pas plus de droit qu'un étranger. Le mari supporte seul les charges du ménage, mais à défaut de la loi, il peut y avoir une convention volontaire par laquelle la femme abandonne en toute propriété au mari certains biens (1). Sur les biens appelés paraphernaux, le mari n'a d'autres droits que ceux que la femme veut bien lui accorder, comme elle ferait pour un mandataire (2).

(1) L. 9, paragraphe 3. Digeste (XXIII, III). *De jure dotium.*
(2) Loi II. Code *de pactis conventis* (V, 14).

Ainsi donc, dans le mariage sans *manus*, les deux époux restent étrangers l'un à l'autre pour ce qui concerne leur fortune ; c'est véritablement un régime de séparation de biens ; la femme n'est pas une associée, mais seulement une pensionnaire dans la maison de son mari (Laboulaye) (1). Dans le cas où la femme était *in manu mariti*, voici les conséquences qui découlaient pour elle de cette situation : elle est traitée en droit comme étant à l'égard de son mari *loco filiæ* (2). Ses biens s'absorbent dans le patrimoine de son mari (3), c'est-à-dire que les biens de l'un et l'autre époux forment désormais une masse unique, dont le mari seul a l'administration, la jouissance et la libre disposition. La femme *in manu* ne peut rien acquérir qui ne soit la propriété du mari ou de celui sous la puissance duquel se trouve placé le mari, s'il est lui-même *alieni juris*. Ainsi, non-seulement l'apport de la femme appartient au mari, mais tout ce qu'elle acquiert pendant le mariage, à quelque titre que ce soit ; à la dissolution du mariage, la femme n'a aucun droit à la restitution de son patrimoine, mais elle a droit à la succession de son mari à titre *d'heres sua*, elle vient en concours avec ses propres enfants, pour qui elle est *loco sororis ;* elle a des droits de succession à l'égard des agnats de son mari, c'est-à-dire du père de son mari et de ses propres enfants. Eux aussi en ont à son égard. En un mot, la femme *in manu mariti* ne conserve rien de sa fortune personnelle (4) ; il s'établit entre elle et son mari une sorte de communauté universelle des biens (5). Plus

---

(1) *Recherches sur la condition sociale et politique des femmes,* liv. Ier, section II, ch. VIII.

(2) GAIUS C. III, 3, 14, 24.

(3) CICÉRON, *Topiques* 4 : « Quum mulier vero in manum convenit, omnia quæ mulieris fuerunt, viri fiunt dotis nomine. »

(4) GAIUS C. II, p. 86, 90, 98.

(5) GIDE. *Sur la condition privée de la femme,* édition Esmcin, p. 120-121, liv. I, ch. IV.

tard on fit promettre au mari de restituer à la femme, en cas de divorce, une partie des biens qu'elle avait apportés sous forme de dot et qui primitivement étaient acquis d'une façon irrévocable au mari. Plus tard encore on sousentendit cette clause devenue de style, et dès lors la manus ne fut qu'une sorte de constitution universelle de dot. Désormais le mari devint débiteur de la dot et cessa d'en être propriétaire. La propriété demeure à la femme qui d'ailleurs ne peut pas l'aliéner, pas plus que le mari ne le peut faire, n'en étant plus propriétaire. La femme peut bien valider, par son assentiment, la vente des fonds dotaux, mais non pas les hypothéquer, ni cautionner son mari, ni le libérer en acceptant la restitution de la dot pendant le mariage ; les donations entre époux sont prohibées et on annule tout pacte par lequel la femme consentirait à abandonner ou à restreindre ses droits dotaux. La dot ainsi conçue dénaturait donc la manus primitive et renversait la puissance maritale. La femme mariée, devenue maîtresse et propriétaire de sa dot, pouvait à chaque instant en exiger la restitution par un brusque divorce, et le mari, sans cesse sous le coup de l'action dotale, se trouvait sous la dépendance de sa femme. Selon l'heureuse expression de Plaute, contemporain de la 2ᵉ guerre punique (219-202 av. J.-C.), en acceptant la dot le mari perdait son pouvoir.

« *Argentum accepi, dote imperium vendidi, nam quæ indotata est, ea in potestate est viri* (1).

Dotatæ mactant et malo et damno viros (2). »

Avec le temps la manus tomba en désuétude, comme la tutelle perpétuelle et même avant elle. Il fallait, pour que le mari obtînt la manus, le consentement du père, si la future femme était *alieni juris*, du tuteur

(1) PLAUTE, *Asinaire*, I, 5, 74.
(2) PLAUTE. *Aululaire*, III, 5, 60.

si elle était *sui juris ;* or, comme ils perdaient par là leurs droits à l'hérédité de la femme, ils n'étaient point empressés de le donner. D'autre part, l'*usus*, la *confarreatio*, la *coemptio*, moyens pour le mari d'obténir la manus sur sa femme indépendamment du consentement de ceux sous la puissance desquels elle se trouvait, devinrent de plus en plus rarement employés et finirent par disparaître ; aussi les Institutes de Justinien ne parlent-elles point de la *manus matrimonii causâ* et de ses conséquences sur la fortune personnelle de la femme. Ainsi donc, pour résumer, tandis que dans le mariage suivi de la *conventio in manum mariti,* à l'origine, la personnalité de la femme est absorbée par celle du mari, dans le mariage non suivi de la manus, la femme est indépendante pécuniairement de son mari ; elle est entièrement libre de son mari, sinon de ses tuteurs agnats, quant à ses biens. Le mari n'a pas d'autorité légale sur la fortune de sa femme, ni même sur sa personne. Il pouvait seulement exercer en son nom personnel l'*actio injuriarum*, pour protéger sa femme et sauvegarder par là son honneur outragé par l'injure faite à son épouse. Ces deux situations extrêmes de l'ancien droit romain sont critiquables en droit, mais en fait, la femme romaine, même *in manu*, avait une grande influence sur son mari, et le mari une grande autorité sur sa femme, même *non in manu*. L'adage *Ubi tu Caius, ibi ego Caia* prouve que les mœurs mettaient le plus souvent le mari et la femme sur le même niveau, et Cornélius Nepos, dans la préface de son histoire, nous apprend que la femme romaine était à l'origine traitée avec plus d'honneur que la femme grecque. *Quem enim Romanorum pudet uxorem ducere in conviorum aut cujus non mater primum locum tenet œdium ? aliter in Græciâ.* Le plus souvent, pour aider le mari à supporter les charges du ménage, la femme lui apportait certains biens : ce fut la dot ;

comme originairement la dot était un don libre, nulle
restitution n'était due soit à la femme, soit au constituant. Quand il y avait une dot, le mari en était toujours le propriétaire, *dominus dotis*, du moins jusqu'à
Justinien. Bien avant cependant, la femme avait fini
par obtenir une action personnelle, non réelle, en restitution de la dot. Cette restitution avait lieu tantôt à
la suite d'une stipulation, tantôt de plein droit. Si
Justinien a mérité l'épithète d'*uxorius*, c'est pour
avoir garanti la créance de la femme en restitution de
la dot par des sûretés de plus en plus grandes et surtout par une hypothèque légale primant même les
hypothèques que le mari pouvait avoir consenties à
ses créanciers antérieurement au mariage, et par conséquent antérieurement à la naissance de la créance
de la femme mariée contre son mari. D'ailleurs le mari
a le droit de faire certaines rétentions sur la dot, et en
principe il n'est tenu de restituer à la femme ou au
constituant les biens apportés à titre de dot qu'après
la dissolution du mariage. Le christianisme, qui com-
mença à partir de Constantin à modifier heureusement
la législation romaine, a singulièrement relevé la
condition de la femme, en considérant le mariage
non plus comme un contrat, mais comme un sacrement,
en le rendant indissoluble, en traitant la femme comme
l'égale de l'homme devant Dieu. La législation si pure
du mariage fait encore aujourd'hui la gloire et la su-
périorité des unions catholiques. C'est au droit canonique, plus qu'à toute autre législation, que les femmes sont redevables du rang élevé qui leur appartient
aujourd'hui (1). Néanmoins, le droit canonique, subis-
sant l'influence persistante du vieux droit romain, ne
connaît d'autre régime nuptial que celui de la dot,

(1) LABOULAYE, *op. cit.* l. II, sect. 2, ch. 8, et l. IV, sect. I, t. 2,
ch. V, où il justifie l'Église, « mère de notre civilisation moderne »,
d'avoir proscrit le divorce dans un intérêt social, au détriment
même de l'intérêt individuel.

rejette à la fois la communauté qui associe et égalise les intérêts des deux époux, et la paraphernalité absolue qui les sépare.

Le respect de la femme et surtout de la femme mariée est un des traits caractéristiques de tous les peuples Germains qui, sur les ruines de l'empire romain d'Occident (476), posèrent les fondements des nations européennes d'aujourd'hui.

Grâce à cette double influence, celle du christianisme et celle des mœurs germaniques, toutes deux favorables à la dignité et à l'indépendance des femmes, leur condition juridique dans la société et dans la famille se trouva améliorée dans la plupart des législations barbares, dans celles du Moyen-Age, et dans celles des peuples modernes. Déjà dans les derniers temps du droit romain, l'incapacité de la femme a changé de caractère : elle ne tient plus à son sexe, mais à sa position de femme mariée ; elle n'est plus fondée sur des nécessités d'ordre public, mais sur des rapports de famille et des intérêts d'ordre privé ; elle est destinée à assurer la dot contre la dissipation de la femme, qui ne peut consentir à l'aliénation de ses biens dotaux, ni les aliéner indirectement en cautionnant le mari ou en s'obligeant envers ses créanciers. Ce n'est plus une incapacité proprement dite, une infériorité juridique de la femme, c'est une précaution pour sauvegarder la dot dans l'intérêt général de la famille.

Après l'invasion des barbares, le système du droit romain se maintint dans les pays de droit écrit : là, le régime dotal est la règle, et la dot reste la propriété de la femme : le mari en est seulement l'administrateur, avec le droit d'exercer en justice, jusqu'à la dissolution du mariage ou la séparation des biens, les actions qui s'y réfèrent ; d'ailleurs la femme est maîtresse absolue de ses paraphernaux, elle peut les donner, les vendre, en un mot les aliéner à titre gratuit ou onéreux sans le consentement de son mari, qui n'a sur ces biens-là aucune espèce de droit. Un triple inconvénient en résultait : l'inaliénabilité de la dot immobilière, l'indépendance complète de la femme quant aux paraphernaux et l'absence d'un intérêt commun aux deux époux dans le ménage. Dans les pays de coutume, sous l'influence germanique et féodale, avait pris naissance un système très différent. Il semble tout d'abord que les anciens jurisconsultes français n'aient pas eu pour les femmes une bien grande estime. Dans le Songe du Verger (1), composé à la fin du xive siècle, sous le régne de Charles V (1364-1380), on énumère complaisamment jusqu'à neuf défauts qui leur seraient propres, on les accuse d'être dommageresses, avares, impérieuses, mauvaises, jongleresses, fausses, désobéissantes, impudentes et malicieuses. Cependant la tutelle perpétuelle des femmes selon le droit germanique, le *mundium*, bien qu'analogue à la *manus,* était moins énergique ; admis à l'origine par le droit coutumier, il ne tarda pas à en disparaître. Toute femme germanique était sous une tutelle perpétuelle appelée le *mundium* (2) ; fille, épouse, veuve, dans aucune de ces trois positions elle n'en était dispensée. Le *mundium* passait du père, du frère, des parents du côté paternel au mari par le mariage ou plutôt par l'achat qu'il en faisait (3); chez les peuples germains la puissance maritale était inséparable du mariage (4), et l'incapacité de la femme mariée lui interdisait toute disposition de ses biens, meubles et immeubles, sans l'intervention de son époux ; de

(1) Laboulaye. *Recherches sur la condition de la femme,* p. 460. Livre V, ch. 4.

(2) Étymologie de *mundium, mund, hand, manus.*

(3) Tacite. *De moribus Germanorum,* 18.

(4) Ginouilhac. *Histoire du régime de la communauté et du régime dotal,* 2e partie, ch. 2.

même qu'avant son mariage ou après sa dissolution, elle était obligée d'avoir l'agrément de ceux qui avaient sur elle le *mundium*. Le mari pendant le mariage avait l'administration et la libre disposition des biens mobiliers apportés par la femme lors de son mariage ou qui lui étaient advenus depuis. Pour les immeubles, leur vente, échange ou donation n'étaient permis au mari qu'avec le consentement de sa femme ; ce qui prouve que pour ces biens les droits du mari se réduisaient pendant le mariage à une simple administration, leur propriété résidant sur la tête de sa femme ; elle, de son côté, n'a pendant le mariage aucun droit de disposer des biens qu'elle a apportés au mari, sans son consentement. En droit germanique (1), la faiblesse physique et non pas la prétendue faiblesse morale du sexe était la seule raison d'incapacité; aussi elle disparaissait avec l'âge pour les mâles aussitôt qu'ils pouvaient fournir le service militaire. La même raison mettait les femmes sous une tutelle perpétuelle. A Rome, au contraire, l'incapacité venait surtout de la nécessité de concentrer la puissance entre les mains d'un seul : de là cette différence dans la sujétion des femmes, elle disparut à Rome avec le principe politique de leur incapacité ; elle subsista toujours, bien qu'avec des modifications, dans les lois barbares, les coutumes (2), et passa de là dans notre ancien droit et dans le Code civil. Il semble inutile de dire que les mœurs tempéraient les lois en Germanie comme à Rome, et s'il fallait en croire Tacite (3), il semblerait acquis que la femme germaine, partageant la bonne comme la mauvaise fortune de son mari, fut placée sur un pied d'égalité presque parfaite avec lui.

(1) Tacite. *Mœurs des Germains*, ch. 13.

(2) Bouteiller. *Somme rurale*, Livre II, chapitre 1er.

(3) Tacite appelle la femme « laborum periculorumque sociam. » *De moribus Germanorum*, 7, 8, 15, 18, 19.

Dans notre ancien droit français (1) comme dans le
droit germanique, le mari a des pouvoirs très étendus
sur la personne et sur les biens de sa femme. Il en est
le mainbour ou gardien, et sa tutelle ou mainbournie
qui dérive du mundium germanique produit des effets
très étendus : il a l'administration des immeubles de
sa femme, la libre disposition de ses meubles mais
non de ses immeubles sans son consentement. De son
côté, la femme ne peut ni citer en justice, ni contracter, ni même tester, au moins en Normandie et en
Angleterre (2). A côté du *mundium*, le droit coutumier
avait aussi admis à l'origine le sénatusconsulte Vel-
léien, remède excellent, ce semble, pour subvenir à
la faiblesse des femmes, puisqu'on les assimile par là
à des mineurs et qu'on les rend incapables de s'obliger pour autrui, mais en même temps on permet aux
femmes de renoncer au bénéfice de cette loi : cette
renonciation devint de style jusqu'au moment où
Henri IV abrogea le sénatusconsulte en avril 1606.
Le mundium et le sénatusconsulte ayant disparu, les
femmes non mariées se trouvaient avoir une capacité
civile égale à celle des hommes. On peut dire qu'en
dehors du mariage, le droit coutumier consacre
l'émancipation de la femme, mais dans le mariage il
maintient son incapacité au profit du mari, qui
seul peut faire tomber l'acte que la femme a fait sans
son aveu en méconnaissant l'autorité maritale, sa
propre subordination et dépendance. Telle est du
moins la règle de la grande majorité des coutumes, car
d'après certaines d'entre elles, par exemple celle de
Normandie (3), la puissance maritale est presque abso-

(1) GUILLOUARD. *Du contrat de mariage*, t. Ier, page 27.
(2) GINOUILHAC. *Opere citato*, p. 291 et suivantes ; — BEAUMANOIR.
Coutume des Beauvoisis, ch. xxi et xxx ; — *Ancienne Coutume de
Bretagne*, A. 40. *Établis. de* St-Louis, 1, 447 ; — LABOULAYE. *Op.
cit.*, livre IV, sect. I, tit. II, ch. ii.
(3) A. 389 de la Coutume de Normandie. — TROPLONG. *Du contrat de mariage*, Préface, p. 142 et s.

lue. Bien plus, en Angleterre jusqu'au mois d'août 1870, la femme ne pouvait pas en principe avoir des biens ni une personnalité distincte de celle de son mari ; quelques coutumes vont même jusqu'à défendre à la femme de tester sans l'autorisation de son mari. Selon la généralité des coutumes, le mari est le sire des biens de la femme, non pas propriétaire comme en Angleterre, mais rien qu'administrtaeur avec des pouvoirs très larges. La femme garde la propriété de ses biens, mais elle est incapable presque absolument d'en user sans l'autorisation spéciale, formelle, solennelle de son mari.

Voici, en résumé, quels sont les pouvoirs du mari sur les biens de sa femme, d'après les lois barbares, le droit féodal et les coutumes dans leur ensemble. Par l'effet du mariage, le mari est saisi de tous les biens de sa femme : il a le droit de les administrer et d'en jouir : les meubles, les revenus, les fruits, il peut en disposer en maître ; mais il ne peut aliéner les immeubles propres de la femme que si elle y consent. D'ailleurs le mari représente la femme en justice et exerce toutes les actions qui lui appartiennent, même celles qui concernent ses propres. En revanche, le mari ne peut aliéner ses propres sans le consentement de sa femme, ce qui rétablit, de concert avec le douaire, l'équilibre en faveur de la femme. Voilà, en résumé, quelle est la position respective du mari et de la femme, pendant le mariage, quant à leurs biens.

Examinons de plus près les règles du droit coutumier sur cette matière : « Le mariage émancipe » est une maxime coutumière; la femme mariée est donc incapable non parce qu'elle est moralement inférieure à l'homme, mais parce que le mari a le droit d'agir en maître dans le ménage et de régenter tous les siens (1). L'unité de commandement est la règle du ménage

_____

(1) LABOULAYE, op. cit. l. IV, sect. 1, titre 1, ch. II.

comme de la guerre, suivant la maxime d'Homère (1):

Εἷς κοίρανος ἔστω.

L'autorisation maritale est requise pour tous actes juridiques auxquels pourrait se livrer la femme toutes les fois qu'elle veut obliger ou s'obliger par contrat. Tel est le principe, mais il souffre d'assez nombreuses exceptions :

1° La femme séparée de biens judiciairement ou contractuellement n'a pas besoin d'autorisation, pas même de justice, pour les actes de pure administration ; 2° de même la femme marchande publique pour les affaires de son négoce ; 3° la femme dont le mari avait perdu son état civil par suite d'une condamnation capitale ; 4° la femme dont le mari passait pour mort ; 5° la femme majeure pouvait contracter sans autorisation pour retirer son mari de prison ; 6° pas besoin d'autorisation pour tester, du moins presque partout (2) ; 7° pas besoin d'autorisation en matière criminelle, si la femme est défenderesse.

D'après ces exceptions, il est clair que l'autorisation n'est exigée que dans l'intérêt du respect de la puissance maritale : si cet intérêt fait défaut, la femme recouvre sa pleine indépendance. En matière judiciaire la femme a besoin de l'autorisation de son mari : sans cela elle ne peut ester en justice, sauf cependant si elle est marchande publique et qu'il s'agisse des affaires de son commerce.

Le mari était-il fou ou absent ? le juge le suppléait, mais non pas s'il était mineur. En effet, un mari quoique mineur pouvait autoriser sa femme majeure ; aussi bien qu'il ne pût aliéner ses propres immeubles, il lui était permis d'autoriser sa femme à aliéner ceux qu'elle possédait. D'ailleurs le mari mineur ne pouvait autoriser sa femme également mineure, qu'à faire les

_____

(1) *Iliade*, livre II, vers 204.
(2) POTHIER. *De la Puissance du mari*, N°s 43, 44.

actes qu'il était capable lui-même de faire seul, comme ceux de simple administration. Pour les autres il était indispensable que la femme fût assistée d'un curateur. Quant aux actes que les mineurs ne pouvaient valablement faire même avec un curateur, il est évident que l'autorisation du mari majeur ne rendait pas la femme mineure habile à les faire ; mais quand elle était autorisée par lui, la nullité dont l'acte était affecté était seulement relative, tandis que le défaut d'autorisation maritale rendait cette nullité absolue. De ce qui précède on peut conclure les deux propositions suivantes : 1° Le droit coutumier est plus favorable que le code civil à l'indépendance de la femme mariée ; 2° Il considère comme unique fondement de son incapacité le respect dû à l'autorité maritale. En revanche, voici un point où il était moins libéral : pour les actes judiciaires l'autorisation pouvait être tacite, sans doute, mais pour les actes extra-judiciaires, elle devait être expresse. La présence du mari au contrat était insuffisante. L'autorisation devait être rigoureusement spéciale, accordée *in ipso actu* ou par une procuration faite précisément pour l'acte auquel intervenait la femme mariée. On se demandait si l'autorisation pouvait intervenir postérieurement à l'acte, et on répondait en général par négative. D'ailleurs l'autorisation pouvait être donnée sous signature privée, par simple lettre missive, pourvu qu'elle eût date certaine. L'autorisation maritale avait pour effet de rendre la femme aussi capable de contracter ou d'ester en justice que si elle n'eût par été mariée. Dans les premiers temps du droit coutumier et selon l'opinion de Beaumanoir (1), la nullité résultant du défaut d'autorisation était relative et temporaire : le mari seul pouvait s'en prévaloir, et son action s'étei-

(1) *Des convenances,* chapitre XXXIV, N° 56 des Coutumes de Beauvoisis, et le chapitre XVI des Sous-âgés, auquel le N° 56 renvoie.

gnant à la dissolution du mariage, la nullité était couverte si l'acte n'avait pas été attaqué par lui pendant
le mariage. Plus tard l'opinion contraire prévalut à la
révision des coutumes et particulièrement de celle de
Paris (1510-1580) (1). On considéra que l'obligation
contractée par la femme non autorisée était nulle
ipso jure et ne pouvait produire aucun effet, ni contre l'épouse après le décès de son conjoint, ni contre
ses héritiers après son décès à elle-même ; de relative
et temporaire qu'elle était, la nullité, changeant de
caractère, devint absolue et parut être établie aussi
bien dans l'intérêt de la femme que dans celui du mari.
On alla jusqu'à soutenir que cette nullité pouvait
être opposée, non-seulement par le mari, par la femme
et par ses héritiers, mais par toute sorte de personnes, même par les tiers, qui avaient cependant à s'im-
puter la faute d'avoir traité avec une femme mariée
sans exiger la production de l'autorisation maritale.
Lebrun (2) va même plus loin. D'après lui, la femme
non autorisée ne s'oblige même pas naturellement, et
l'obligation ne se peut exécuter contre elle après la
mort de son mari. Il s'appuie sur l'A. 223 de la coutume
de Paris et sur l'A. 111 de la coutume de Sens, com-
mentée par Dumoulin, sur l'A. 424 de celle de Bretagne, soutenue par d'Argentré; mais il avoue que l'avis
de Coquille sur l'A. 1, titre 23 de la coutume du Nivernais est différent. Telles sont les règles du droit
coutumier quant à l'incapacité de la femme mariée,
dont il limite les pouvoirs sur sa fortune personnelle
au profit du mari; mais en revanche, le droit coutumier
limite d'une façon très originale les droits du mari
sur ses biens et ceux de sa femme par l'institution de
la communauté de biens entre époux. Ce régime matrimonial date du moyen-âge, bien qu'on ait prétendu

(1) POTHIER. *De la communauté d'entre homme et femme*, chapitre 8, paragraphe 1er : De la puissance sur la personne, N° 143.
(2) *Traité de la Communauté*, L. II, ch. 1, section 5, p. 1.

en trouver l'origine en Gaule d'après un passage obscur
des Commentaires de César (1), ou même à Rome (2).
Rare avant le xiii° siècle, la communauté de biens entre époux est d'origine purement coutumière (3). Elle
apparaît d'abord dans les villes commerçantes et dans
les familles de serfs, là où il n'y a guère que des biens
mobiliers, peu ou point d'immeubles, et elle finit par
passer même dans les familles nobles. Le mariage a
pour effet de produire entre les deux époux une association de biens, de telle façon que la fortune personnelle de chacun des conjoints devient commune en
tout ou en partie ; la femme est copropriétaire de ces
biens communs avec le mari, mais le mari seul en a
l'administration, la jouissance et presque la libre disposition à titre onéreux, sinon à titre gratuit, comme
s'il en était le seul et unique propriétaire. A la dissolution du mariage, on se partage les biens communs
par parts égales, avec faculté de renonciation pour la
femme noble dont le mari était allé à la Croisade ou en
Terre Sainte (4); au xvi° siècle, ce privilège fut étendu
à la femme roturière (5). Tel était le droit commun des
pays de coutumes, mais ce droit commun pouvait
être modifié dans une certaine mesure par les conventions matrimoniales. Rien de plus différent du système romain, où les biens des deux époux restent
distincts, où ceux de la femme se partagent en deux
catégories : les dotaux, sur lesquels le mari a un droit
d'administration et de jouissance et dont il retient
pour lui seul les fruits économisés ; les paraphernaux, dont la femme garde l'administration, en fai-

(1) César, *Commentarii de Bello Gallico*, VI, 20.
(2) Digeste, Loi 16, § 3, *de alimentis vel cibariis legatis* (xxxiv, 1).
— Loi 31, § 3, *de donationibus inter virum et uxorem* (xxiv, 1).
(3) Beaumanoir. Coutumes de Beauvoisis, ch. xxi. Coutumes du Nivernais. *Du droit des gens mariés*, A 21. — Loysel. *Inst. coutumieres*, titre de la Communauté, A 8.
(4) Grand Coutumier, f° 78.
(5) A. 237, Nouvelle Coutume de Paris.

sant siens les fruits et les économies. La communauté coutumière associe les deux époux, elle est donc l'inverse du régime dotal romain. Si on veut faire disparaître toute association pécuniaire entre époux, il faut une clause formelle, expresse, mais non solennelle de séparation de biens. En un mot la dotalité des biens de la femme mariée est la règle, et la paraphernalité l'exception, dans les pays de coutumes ; à Rome et dans les pays de droit écrit, la règle précisément contraire est admise. Quant au droit des époux, et particulièrement du mari comme chef, sur les biens communs, les biens de l'autre époux et ses biens personnels, ils sont établis par la loi, c'est-à-dire par la coutume, et dans une certaine mesure par le contrat de mariage, mais sans qu'on puisse déroger à ce qui est d'ordre public dans les dispositions légales ; c'est la règle que les rédacteurs du Code civil ont suivie.

Jetons un rapide coup d'œil sur les droits du mari et de la femme communs en biens.

Le mari administre seul et ressemble presque à un propriétaire des biens communs, tant sont larges ses pouvoirs(1). Il peut disposer de tous les biens communs à titre onéreux et même à titre gratuit, mais sans fraude, sans quoi ses actes sont susceptibles d'être annulés. La femme commune ne peut que réclamer la séparation de biens judiciaire si le mari administre mal. Le mari est de plus l'administrateur forcé des biens personnels de la femme. S'il aliène un bien propre de la femme avec son consentement, il gagne la moitié du prix pour la communauté, car c'est là une acquisition mobilière. De là le dicton : *le mari doit se lever trois fois la nuit pour vendre les propres de sa femme.* Au XVIme siècle seulement, on finit par exiger du mari rem-

(1) Coutume de Nivernois. — *Du droit des gens mariés,* XXII, *passim* 5, 9. Le mari exerce toutes les actions personnelles mobilières de la communauté.—Ancienne coutume de Paris, de 1510, A. 107. — Coutume de Rheims, A. 239. — POTHIER. *Traité de la communauté, passim.* — Laboulaye, *op. cit.,* L. IV, sect. II, Titre II, ch. 1 et 5.

ploi ou récompense (1) pour le prix de cet immeuble propre de la femme par lui vendu. Le prix de ces propres devient une dette de la communauté, pendant laquelle l'aliénation a été faite. D'ailleurs le mari ne pouvait disposer à titre gratuit ni même onéreux des biens propres de sa femme sans son consentement, mais, sauf en Normandie, il n'y avait pas d'inaliénabilité des propres de la femme. A la dissolution de la communauté par la mort d'un des conjoints, la séparation de biens ou de corps, les pouvoirs du mari cessent; il n'a plus droit qu'à sa part de la communauté comme associé, sans pouvoir y renoncer comme la femme, dans le cas où il aurait plus de dettes que d'actif. La femme, elle, peut renoncer à la communauté, d'abord d'une façon symbolique, en jetant sur la fosse du mari les clefs de la maison; à partir du xvime siècle, d'une manière moins théâtrale, par une simple déclaration au greffe. Si la femme accepte, on partage la communauté par moitié; mais la femme a un nouveau privilège (2), celui de pouvoir ne payer les dettes communes que jusqu'à concurrence de son émolument; de la sorte elle accepte sans limiter son gain et sans risquer de rien perdre. Ces trois avantages de la femme commune, séparation de biens, renonciation, bénéfice d'émolument, compensent les pouvoirs exorbitants du mari sur la communauté. L'avantage du douaire compense les pouvoirs bien plus restreints du mari sur les propres de la femme, et la met à cet égard sur un pied d'égalité avec lui (3). Voilà comment la généralité des coutumes règle l'autorité du mari et l'incapacité de la femme dans leurs grandes lignes. Il y avait cependant quelques coutumes dissidentes: ainsi la coutume de Normandie proscrivait la commu-

(1) Loysel. Institutes coutumières, Règle XIV, livre 1er, titre II, avec les notes de Laurière.
(2) A. 218. Nouvelle Coutume de Paris.
(3) *Laboulaye, op. cit.,* L. IV, sect. I, titre II, ch. 1er.

2*

11

1

nauté même conventionnelle (1), établissait le régime
dotal, l'inaliénabilité des propres de la femme et leur
remploi obligatoire, s'ils étaient aliénés (2) ; les coutumes de Rennes et de Metz admettaient le régime
sans communauté et la séparation de biens conventionnelle, et non pas de plein droit la communauté,
comme la plupart des coutumes.

Il nous reste maintenant à voir comment le Code
civil a organisé l'incapacité de la femme mariée,
d'après le régime de droit commun, la communauté
légale, les pouvoirs que, même sous ce régime, elle
peut avoir, afin d'administrer ses biens, d'en jouir, de
les aliéner à un titre quelconque et de s'obliger de
manière à pouvoir être poursuivie sur l'ensemble de
sa fortune personnelle. Puis nous verrons jusqu'à
quel point peut s'étendre la restriction apportée à son
incapacité, par le fait des divers régimes nuptiaux
favorables à son indépendance sous lesquels elle peut
être placée, et par l'effet des clauses également
favorables à cette indépendance, que la liberté des
conventions matrimoniales permet d'introduire dans
tous les régimes, même ceux qui assujétissent le
plus la femme à l'autorité de son mari.

Avant d'entrer dans l'étude de ces deux points de
notre thèse, il semble nécessaire d'exposer d'abord
sur quel fondement on peut faire reposer l'incapacité de la femme mariée, quelle en est la nature et
quelles en sont les limites ; de voir, entre les différentes opinions émises à ce sujet, quelle est celle
qui semble avoir inspiré les rédacteurs du Code civil,
bien qu'ils n'aient pas eu une vue bien nette du principe et des conséquences.

(1) Lebrun. *Traité de la Communauté*, ch. 1er.
(2) Ginouilhac. *Histoire du régime dotal et de la Communauté*,
p. 159 et s. — Aubry et Rau. *Cours de Code civil*, t. 5, N° 497, note 1.

CHAPITRE II

Fondement et nature de l'incapacité de la femme mariée

, Il semble qu'on puisse dire avec assurance : la civilisation d'un pays est en raison directe de l'étendue
des droits conférés à la femme dans le domaine des
intérêts civils. Si cette pensée est vraie, la législation
française, telle qu'elle résulte des dispositions du
Code civil, serait bien éloignée de l'idéal à réaliser :
mettre, dans la mesure du juste et du possible, la
femme sur un pied d'égalité avec l'homme.

En principe, la femme non mariée est aussi capable
que l'homme, une fois majeure ou veuve : il faut cependant noter que, même dans l'ordre des droits de
famille où l'égalité entre les deux sexes semble devoir
s'imposer, le Code civil a établi entre l'homme et la
femme certaines différences, six au moins qui ne sont
pas justifiées par des raisons suffisantes, puisqu'elles
reposent sur l'infériorité prétendue de la femme.

Voici ces six exceptions :

1° La femme ne peut être tutrice d'autres enfants
que les siens, ni faire partie d'un conseil de famille,
à moins d'être l'ascendante du pupille (Art. 408 et
442) ;

2° Le père peut nommer à la mère survivante,
tutrice légale des enfants communs, un conseil sans
lequel elle ne peut faire aucun acte relatif à la tutelle
(Art. 391) ;

3° La mère survivante et non remariée n'a pas le
droit de correction sur ses enfants au même degré
que le père : il lui faut le concours des deux plus pro-
ches parents paternels, pour procéder contre eux par
voie de réquisition, et jamais elle ne peut recourir à la
voie d'autorité (Art. 381) ;

4° Lorsqu'un enfant naturel a été reconnu par son père et par sa mère non mariés ensemble, et qu'il y a dissentiment entre eux pour savoir s'ils doivent consentir au mariage, le consentement du père l'emporte (Art. 148 et 158);

5° La femme ne peut servir de témoin ni dans un acte de l'état civil, ni dans un acte instrumentaire quelconque;

6° La femme même habilitée à faire le commerce ne peut pénétrer à la Bourse.

Bien plus, lorsque la femme se marie, l'état de dépendance dans lequel elle se trouve placée par suite de sa situation nouvelle, vient subordonner sa capacité à de très graves restrictions, en imposant à la femme la nécessité de demander l'autorisation de son mari quand elle veut disposer de son patrimoine. D'après le code, la femme mariée est incapable civilement : il faut que le mari approuve tous les actes de la femme en général, sans quoi ils ne sont pas valables, mais entachés de nullité. Si le mari ne veut pas donner l'autorisation quand elle est nécessaire, la femme n'a d'autre ressource que de s'adresser à la justice, qui ne peut même pas toujours la lui donner à la place du mari. Tous les actes faits par la femme seule n'ont pas de valeur juridique, en ce sens au moins que certaines personnes peuvent les faire annuler, qu'ils soient avantageux ou non pour la femme; d'ailleurs elle n'a pas, comme le mineur, de représentant légal qui agisse pour elle : elle agit elle-même et figure seule à l'acte; mais pour qu'il soit pleinement valable *erga omnes,* la femme, selon le cas, doit être autorisée du mari ou de justice.

Pour justifier l'incapacité de la femme mariée on avance généralement les deux opinions suivantes :

Les uns disent : l'obéissance que la femme doit à son mari ne serait pas assez complète si la femme, devenue dans une certaine mesure la sujette de son mari, quant au gouvernement de sa personne, restait maîtresse souveraine pour le gouvernement de ses biens. D'autre part, on ajoute qu'il faut assurer la paix du ménage, donner une direction unique aux affaires communes : cette direction ne peut être confiée qu'au mari administrateur naturel des intérêts communs. Ainsi donc l'incapacité civile de la femme mariée repose, d'après cette première doctrine, sur un double fondement, l'obéissance que la femme doit à son mari et aussi le besoin d'une direction unique dans le ménage. Quelque bonnes que soient ces deux raisons, on peut croire que la loi française a dépassé le but : ce devoir d'obéissance du côté de la femme, de direction et de protection du côté du mari, que saint Paul définit dans son épître aux Éphésiens, ch. v, versets 22 et suivants (1), ne doit pas se convertir en un joug trop dur, en une sorte d'esclavage d'une part, en une sorte de tyrannie de l'autre.

Certains auteurs, fidèles aux traditions surannées du droit romain classique, qui disait de la tutelle (2) : *Tutela constituitur feminis tam puberibus quam impuberibus propter sexus infirmitatem,* ont prétendu que la raison de l'incapacité de la femme mariée était l'infériorité morale du sexe, son insuffisance à défendre ses intérêts et partant la nécessité pour la loi de les défendre à sa place. Ainsi donc ces deux opinions divergentes assignent à l'incapacité de la femme mariée des causes absolument différentes, et si l'on veut être logique, elles doivent mener leurs défenseurs à des conséquences très différentes aussi. En voici quatre :

1° Si la femme devient personnellement incapable par suite de son mariage, comme l'est un mineur ou un interdit; en d'autres termes, s'il s'agit de la protéger

---

(1) « Mulieres viris suis subditæ sint, sicut Domino, quoniam vir caput est mulieris, sicut Christus caput est Ecclesiæ. »

(2) Règles de Paul, titre XI, paragraphe 1.

contre les entraînements de son inexpérience et de sa faiblesse, l'autorisation maritale devra être spéciale à tel point que cette autorisation devra viser non-seulement tel ou tel acte, tel ou tel contrat, mais encore chacune des clauses spéciales de la convention.

2° De plus, lorsque le mari, par suite de certaines circonstances, sera incapable ou indigne de donner son autorisation, la femme devra recourir à l'intervention d'un autre protecteur, qui sera le magistrat.

3° Cette intervention sera encore nécessaire en cas de minorité du mari.

4° Enfin, l'incapacité de la femme mariée, ayant pour but unique de la protéger, n'existera que dans son intérêt. Il suit de là qu'à la femme seule il appartiendra d'invoquer la nullité de ses actes non autorisés et de couvrir cette nullité par une ratification ultérieure. Une ratification consentie par le mari serait impuissante à valider l'acte ou le contrat.

Supposons, au contraire, que la nécessité de l'autorisation maritale, l'incapacité de la femme mariée, aient leur fondement unique dans le respect dû à la puissance du mari. Les effets seront tout autres :

1° L'autorisation n'aura pas besoin d'être spéciale.

2° Si, à raison de certaines circonstances particulières, le mari est incapable ou indigne de manifester sa volonté et de donner son autorisation, la femme, soustraite par exception à la puissance maritale, recouvrera sa liberté d'action sans avoir besoin de s'adresser à la justice ; par exemple, si le mari est fou ou absent, la femme reprend sa capacité.

3° Si le mari est mineur, c'est-à-dire incapable d'agir pour lui-même, il est néanmoins capable de valider par son autorisation les actes de son épouse majeure, car il ne s'agit pas ici de suppléer à l'inexpérience de la femme, mais de constater sa dépendance et l'autorité du mari (1).

(1) LOYSEL (Règle XXIII) l, 1, t, 2, *du Mariage*. Institutes coutumières.

4° En dernier lieu, c'est au mari seul dont la puissance aura été méconnue qu'il appartiendra de demander la nullité des actes passés par la femme sans son autorisation : lui seul aussi pourra les ratifier. La femme ne peut attaquer elle-même un acte fait sans l'agrément du mari. La mort du mari, comme sa ratification, rend cet acte inattaquable.

Le Code civil n'admet aucune de ces dernières solutions, bien qu'il semble admettre le principe d'où, selon la logique, elle découlent comme d'inévitables conséquences. La deuxième opinion, qui donne la fragilité du sexe comme fondement à l'incapacité de la femme mariée, ne saurait néanmoins s'accorder avec l'ensemble de la législation française. La fille majeure et la veuve ne sont-elles pas en effet, pour ainsi dire, pleinement capables dans le domaine de la vie civile ? La femme mariée ne peut-elle pas avoir la puissance paternelle et tutélaire sur ses enfants, même du vivant de son mari ? ne peut-elle même pas être la tutrice de son propre mari, s'il est en état d'interdiction ?

Conclusion. — Il faut donc dire sans hésiter : L'incapacité résulte pour la femme, non pas de son sexe, mais de son mariage, elle commence avec le mariage et finit avec lui ; au contraire, le mundium et le sénatus-consulte Velleïen atteignaient aussi bien la fille et la veuve que la femme mariée.

En vain, M. Mourlon (1) présente-t-il trois objections, réfutées par M. Oudot, dans son ouvrage sur les Droits de famille.

1° Si l'incapacité de la femme mariée n'était pas établie dans l'intérêt de sa faiblesse, dit-il, elle ne devrait pas avoir le droit d'invoquer la nullité des actes non autorisés. La vraie raison qui a déterminé les rédacteurs du Code à lui conférer ce droit, d'après lequel on pourrait croire que la doctrine romaine à ce

(1) Mourlon. *Répétitions écrites sur le Code civil*, tome 1, N° 761 *bis.*

sujet est remise en vigueur, c'est le dessein d'intimider les tiers, de les inviter à s'abstenir de traiter avec les femmes mariées non autorisées, de troubler la paix du ménage par le mépris de l'autorité maritale.

2° Si le mari est mineur, sa seule autorisation devrait suffire, si cette autorisation n'est pas exigée dans l'intérêt de la femme. Non. Si le Code exige en ce cas l'autorisation de justice, ce n'est pas tant dans l'intérêt de la femme que dans celui du mari, qui une fois majeur pourrait se laisser aller à des récrimination contre la femme qui aurait agi seule.

3° La troisième objection consiste à dire : Pourquoi l'autorisation du mari condamné à de certaines peines est-elle insuffisante, si cette autorisation n'est exigée que dans l'intérêt de la puissance maritale? Il est facile de répondre que dans ce cas le mari est indigne d'autoriser, et qu'il faut s'adresser à la justice pour éviter les reproches ultérieurs que le mari indigne pourrait faire à la femme si elle avait fait mal à propos un acte que la justice n'aurait pas autorisé. Ainsi donc on peut expliquer les solutions du Code qui au premier abord semblent mal cadrer avec l'opinion que nous adoptons, dans un sens favorable à cette doctrine. D'ailleurs ne pourrait-on pas admettre, avec MM. Aubry et Rau (1), une opinion moyenne qui consisterait à admettre un double fondement à l'incapacité de la femme mariée? 1° Le devoir d'obéissance imposé à la femme ; 2° la nécessité de garantir son patrimoine. Ce patrimoine est destiné à subvenir aux besoins du ménage et à assurer l'avenir de la famille. L'autorisation est donc exigée, moins dans l'intérêt personnel de la femme, que dans celui du mari, chef de l'union conjugale et gardien de tous les intérêts qui s'y rattachent. Cependant, d'après ces auteurs, l'autorisation maritale n'est pas uniquement requise dans l'intérêt

(1) Aubry et Rau. *Cours de droit civil français*, tome 5, N° 472.

du mari, mais du ménage dont il est le représentant légal, et la femme l'associée : aussi à ce dernier titre, l'A. 225 lui permet-il à bon droit de faire valoir la nullité résultant du défaut d'autorisation, bien que cette autorisation n'ait pas précisément pour but la garantie de ses intérêts individuels. Pour conclure, il semble que l'on puisse dire : le vrai but de la loi est de faire que les époux vivent entre eux en bonne intelligence. Voilà pourquoi un d'entre eux reçoit un pouvoir dirigeant ou du moins prépondérant dans une certaine mesure; quand les deux époux sont d'avis différent sur l'opportunité d'un acte que la femme voudrait faire au sujet de sa fortune personnelle, l'avis du mari doit l'emporter, avec cette restriction que la femme peut presque toujours appeler à la justice du refus d'autorisation maritale.

CHAPITRE III

Limites de l'incapacité de la femme mariée

Après avoir déterminé le fondement et la nature de l'incapacité de la femme mariée, voyons quelles sont ses limites :

1° La femme n'est soumise à l'autorisation maritale que pour les actes où elle dispose de ses biens; jamais dans les actes d'administration, toutes les fois du moins qu'elle administre, c'est-à-dire toutes les fois qu'elle a conservé quelques biens extra-dotaux : alors elle administre seule et sans maître ;

2° De plus, et ceci doit être soigneusement remarqué, la femme mariée n'est incapable que dans l'ordre des intérêts pécuniaires, dans la direction économique du patrimoine et du ménage, pas dans le gouvernement moral de la famille : son tuteur ordinaire c'est le mari; à son défaut, le magistrat. Dans le domaine moral, à défaut du mari, personne ne peut s'immiscer dans l'exercice de l'autorité gouvernementale de la femme; mais d'autre part, il est étrange que la femme, quand elle a obtenu contre son mari la séparation de corps ou de biens, soit encore soumise à l'autorisation maritale. Dès que les intérêts pécuniaires des deux époux sont en conflit, la femme devrait dans ce cas n'avoir pas besoin de l'autorisation du mari et pouvoir agir valablement sous le seul contrôle de la justice.

CHAPITRE IV

Dans quelle mesure la femme est-elle incapable de contracter avec son mari?

En principe, les époux ne sont frappés d'incapacité de contracter que dans les cas formellement prévus par la loi; on a cependant soutenu que tous les contrats non expressément permis sont par cela même prohibés entre époux, comme ils l'étaient dans l'ancien droit, et pour trois raisons : 1° empêcher que les époux se fissent des libéralités irrévocables; 2° protéger la femme contre l'influence du mari ; 3° enfin aussi, à cause du caractère exceptionnel des conventions entre époux. Aucune de ces raisons ne porte aujourd'hui. On admet généralement, unanimement, que les époux peuvent contracter valablement entre eux; il n'y a d'incapacité de contracter entre époux que si la loi le dit ; or, elle ne le dit pas d'une manière générale ; donc les contrats entre époux sont permis en général, même si la femme s'oblige envers un tiers dans l'intérêt du mari. La maxime *Nemo potest esse auctor in rem suam* n'est pas applicable ici ; elle n'est applicable qu'au tuteur à l'égard du mineur, auquel, comme nous le verrons plus bas, on ne saurait assimiler la femme mariée, réputée capable de diriger elle-même ses affaires, mais devant seulement déférer à l'autorité maritale ; sans doute le mari traitant avec sa femme cherche surtout son intérêt particulier, et il est peut-être à craindre qu'il ne le fasse prévaloir sur celui de la femme, mais rien ne défend une pareille autorisation. Quand donc les époux contracteront ensemble, l'autorisation du mari suffira pour habiliter la femme à traiter avec lui ; s'il y a des exceptions à cette règle, on peut dire légitimement que l'exception confirme la règle. Il est même des cas où la loi a formellement autorisé la femme à traiter avec son mari. Par exemple, les donations, le mandat, le rétablissement de la communauté ou du régime dotal après la séparation de biens judiciaire, l'acceptation du remploi sont permis à la femme mariée par les A. 1096, 1097, 1577, 1451, 1435. Bien plus, elle peut restreindre son hypothèque légale sur les biens de son mari, sous certaines conditions ; elle peut même la céder aux créanciers de son mari, elle peut donc valablement cautionner son mari, pourvu que son mari l'y autorise ; par subrogation à son hypothèque légale, se dépouiller de ses priviléges au profit des créanciers de son mari et compromettre le recouvrement de ses reprises, assuré par ce bénéfice. L'article 1431 nous montre que la femme mariée peut s'obliger solidairement avec son mari, au profit d'un tiers, dans l'intérêt exclusif du mari (1), et pour cela il suffit de l'autorisation de ce mari seul ; il n'y a donc dans le Code civil aucun texte qui énonce ou qui même implique l'inhabileté du mari à autoriser sa femme parce que l'affaire le concerne, et qui exige pour cela l'autorisation de justice. Sans doute, certains actes sont interdits entre époux sous peine de nullité, mais ces actes sont peu nombreux. Ainsi la femme ne peut faire ou recevoir que des libéralités révocables et non déguisées (1096-97), elle ne peut, de concert avec le mari, modifier le contrat de mariage (1395). L'article 1595 défend à la femme mariée, à l'égard du mari, la vente, l'échange, la constitution de rentes, la dation en payement, mais

(1) Cass. 25 fév. 79, S. 1879, 1, 273.

rien que ces contrats et point d'autres ; encore pour
la dation en payement y a-t-il trois exceptions for-
melles que nous nous contentons de signaler. Pourquoi la vente est-elle défendue entre époux, plutôt
que les autres contrats ? c'est sans doute pour les
trois raisons suivantes :

1° La vente est un contrat de pure spéculation, il
eût donc été difficile de concilier la protection due par
le mari à la femme avec les intérêts opposés d'un
vendeur ou d'un acheteur ;

2° Prohiber la vente entre époux, c'est empêcher,
autant que possible, les libéralités irrévocables défen-
dues par l'article 1096, sous couleur de vente, et empêcher d'excéder la quotité disponible.

3° Si la vente entre époux eût été permise, il leur
eût été facile de porter atteinte aux droits de leurs
créanciers, en vendant au conjoint des biens qu'on
pourrait ainssi soustraire à ces créanciers. L'action
paulienne de l'article 1167, qui serait leur seule ressource, ne leur prêterait qu'un secours insuffisant et
pourrait ne pas réussir.

La loi aurait pu prohiber tout contrat aussi bien que
la vente pour les mêmes raisons, mais elle ne l'a pas
fait ; la vente est le contrat le plus usuel et le plus
commode pour tourner les dispositions qu'elle voulait
faire observer. Il faut remarquer que la vente n'est pas
seule prohibée par l'article 1595, mais encore l'échange,
bien que les motifs ci-dessus ne soient plus à cet égard
aussi probants, mais encore le contrat de constitution
de rente, qui n'est pas autre chose qu'une vente dont
le prix revêt un caractère particulier, mais encore la
dation ou cession en payement, sauf les cas prévus par
l'article 1595. En dehors des opérations prohibées par
les articles 911, 1096, 1097, 1395 et 1595, toute espèce
de contrats sont permis entre époux, et l'autorisation
du mari suffit à la femme pour l'habiliter à les passer
valablement.

CHAPITRE V

L'incapacité de la femme mariée peut-elle être modifiée par la volonté des parties ?

PREMIÈRE QUESTION

Peut-on par contrat de mariage relever la femme de son incapacité générale ?

Il n'est pas douteux que par l'adoption de tel ou tel régime nuptial, la femme ne puisse se placer dans une situation spéciale, dans laquelle son incapacité se trouve augmentée ou diminuée. C'est alors une conséquence du régime matrimonial choisi par contrat, et ce point ne se confond pas avec la question à examiner: à savoir si la femme peut, par son contrat de mariage, augmenter ou diminuer son incapacité, ou bien si elle ne peut pas à son gré aller au delà, rester en deçà de l'incapacité générale portée par la loi et qui résulte du régime légal, celui de la communauté pure et simple. En principe, la femme mariée est incapable d'administrer sa fortune personnelle et d'en disposer, sans l'autorisation de son mari. Par une clause du contrat de mariage, on ne peut dispenser *absolument* la femme de cette autorisation ; par exemple, si on lui permettait d'une manière *générale* d'aliéner ses immeubles, cette clause serait nulle, car l'incapacité de la femme mariée est d'ordre public. Le mariage ne donne pas seulement au mari des droits sur la personne de la femme, mais encore sur ses biens, en la rendant, en principe, incapable de disposer de ses biens et de s'obliger envers les tiers ou de les obliger envers elle sans l'autorisation de son mari, qui doit rester toujours le chef de l'association pécuniaire née du mariage. Quel que soit donc le régime matrimonial adopté par les époux, la femme ne peut pas se réserver, par une clause du contrat de mariage, le droit d'ester en justice, d'aliéner ou d'hypothéquer ses immeubles sans l'autorisation de son mari. De pareilles clauses seraient contraires aux droits du mari comme chef de l'association pécuniaire des époux, à la puissance que la loi lui confère à cet effet, et tomberaient sous le coup de l'article 1388. A fortiori, on ne peut stipuler que la femme administrera les biens du mari ou ceux de la communauté, ou que le mari ne pourra disposer des biens de la communauté sans le concours et consentement de sa femme. Il y a cependant des tempéraments à la rigueur du droit commun ; ainsi on peut adopter par contrat de mariage le régime de séparation de biens ; la femme est désormais capable pleinement pour l'administration de ses biens, pour aliéner son mobilier à titre onéreux, sinon à titre gratuit, pour s'obliger sur tous ses biens dans les limites de ses pouvoirs de libre administration ; mais même alors elle reste incapable d'aliéner ou d'hypothéquer valablement à elle seule, sans autorisation du mari, ses immeubles à titre onéreux aussi bien qu'à titre gratuit. De plus, comme nous le verrons plus bas, le contrat de mariage peut réserver à la femme l'administration et la jouissance d'une partie de ses biens, et stipuler qu'elle touchera une partie de ses revenus sur ses simples quittances, quel que soit le régime matrimonial adopté.

DEUXIÈME QUESTION

Est-il permis. quand on adopte un régime matrimonial autre que le régime dotal, d'y transporter la règle de l'inaliénabilité des biens dotaux, c'est-à-dire d'aggraver d'une singulière façon l'incapacité générale de la femme mariée ?

Malgré contestation, il faut admettre que la règle de l'inaliénabilité des immeubles dotaux peut être étendue à tous les régimes autres que la séparation de biens conventionnelle. L'inaliénabilité est dite dotale : or, sous le régime de séparation de biens conventionnelle, il n'y a pas de biens dotaux, à dire vrai, mais seulement des revenus dotaux qui perçus par la femme sont donnés, dans une certaine proportion, en toute propriété au mari. Il ne peut y avoir d'inaliénabilité que pour les biens dont le mari a l'administration et la jouissance : donc il ne peut y en avoir sous ce régime où le mari n'a aucun pouvoir de ce genre sur aucun des biens de la femme. Sous tous les autres régimes, on peut introduire par une clause du contrat de mariage (1) la règle de l'inaliénabilité dotale, et cela en vertu de la liberté des conventions matrimoniales, pour tout ce qui n'intéresse pas l'ordre public, conformément à l'art. 1388. C'est en vain que l'on soutient que cette liberté ne va pas jusqu'à ce point ; la libre circulation des biens, leur aliénabilité n'est pas un principe d'ordre public absolument : on ne peut, dit-on, y déroger que dans les cas et sous les formes prévues par la loi ; or, la loi ne permet d'y déroger qu'en adoptant le régime dotal, et d'autre part, ce régime ne peut exister que dans le cas où il a été expressément stipulé (2) (art. 1392). Oui, mais une adoption partielle et non intégrale de ce régime est possible, permise par la loi, si cette adoption est assez clairement exprimée pour lever tous les doutes, de manière que l'on comprenne que la femme se soumet au régime dotal quant aux biens en question, c'est-à-dire à leur inaliénabilité d'une part, et de l'autre à l'administration et à la jouissance du mari sur ces biens. Il n'y a qu'une chose impossible à réaliser en vertu d'une clause du contrat de mariage, c'est de combiner le régime dotal avec la séparation de biens conventionnelle, c'est-à-dire l'inaliénabilité de la dot avec l'administration de cette dot par la femme (3).

(1) Cass. 3 février 1879, S. 1879, 1, 353.
(2) Explication du Code Napoléon, Marcadé, 5e vol. N° 3, p. 648 et suiv., sous l'art. 1497.
(3) Marcadé, 5e vol. N° 1, p. 390, sous l'art. 1392.

Cela est contraire à l'art. 1392, et aboutirait à établir l'inaliénabilité en dehors des conditions prévues par la loi : il faut adopter expressément la dotalité pour les biens qu'on veut rendre inaliénables ; alors il y a juxtaposition de deux régimes matrimoniaux, mais il est impossible d'établir que des biens non déclarés dotaux seront inaliénables. D'autre part, c'est manquer au mari et à l'article 1388 que de stipuler que des biens qui par hypothèse seraient déclarés dotaux, ne seront pas administrés par le mari et qu'il n'en aura pas la jouissance. Qui dit dotalité et inaliénabilité, implique jouissance et administration par le mari : on ne peut faire par contrat que des paraphernaux administrés par la femme soient en même temps inaliénables. Une pareille situation, très étrange d'ailleurs, ne peut résulter que d'un jugement de séparation de biens faisant suite au régime dotal. Si on avait introduit dans le contrat de mariage une pareille clause, il faudrait de deux choses l'une, supprimer ou l'inaliénabilité ou l'administration par la femme, en tenant compte de la volonté mal exprimée des parties qu'on ferait prédominer dans un sens ou dans l'autre, en vertu des articles 1156, 1157, 1158, sur l'interprétation des conventions ; mais si l'intention des parties n'était pas claire ou si elles avaient voulu à la fois, avec une égale force, ces deux choses incompatibles, l'inaliénabilité dotale et l'administration par la femme, le contrat serait nul pour le tout et les époux mariés sous la communauté légale.

TROISIÈME QUESTION

La future épouse ne peut-elle convenir par contrat de mariage qu'elle sera incapable de s'obliger même avec l'autorisation de son mari ou de justice, qu'il s'agisse de contracter dans l'intérêt du mari ou dans un intérêt quelconque ? (1)

La Cour de cassation (2) annule avec raison une pareille clause insérée dans le contrat de mariage et qui aggraverait, comme la précédente, d'une façon exorbitante l'incapacité générale de la femme mariée. Le code civil aurait contredit l'ancien droit, si une clause de ce genre eut pu sortir plein et entier effet : c'eût été une résurrection du sénatusconsulte Velléïen ou mieux une situation pire, de par la volonté des parties ; or, déjà dans l'ancien droit, un édit de Henri IV en 1606 avait aboli le sénatusconsulte Velleien. Il y avait pour cela un motif juridique excellent. Cette clause aboutirait à créer une incapacité conventionnelle : or, les lois qui régissent la capacité des personnes sont d'ordre public; donc la clause dont il s'agit est nulle en vertu de l'article 6 aussi bien que des articles 1131, 1133 et 1138. Nul n'est maître de disposer à volonté de son état et de se rendre pour l'avenir capable ou incapable de s'obliger.

On allègue deux raisons pour soutenir la validité de la clause qui nous paraît inadmissible.

1° La première est tirée de la liberté des conventions en matière de contrat de mariage; 2° la deuxième, de ce que la loi non-seulement n'interdit pas, mais consacre sous le nom de régime dotal une incapacité analogue à celle de la clause en question. Une femme peut se constituer en dot par contrat de mariage

(1) VALETTE. *Mélanges de jurisprudence*, Tome 1er ; 3 notices sur deux arrêts de la Cour de Paris du 17 novembre et du 6 décembre 1875.

(2) C. de C. 22 décembre 1879, S. 80, 1re partie, p. 125. — 13 mai 1885, S. 85, 1, 312. — Paris 19 juin 1884, S. 1884, 2, 193.

tous ses biens présents et à venir : elle se trouve par là fatalement placée durant le mariage sous le coup d'une incapacité complète ; elle ne peut plus, comme sous les autres régimes, s'engager valablement à l'égard des tiers, même avec le concours, le consentement, l'autorisation formelle de son mari : donc aucune de ses obligations ne pourra s'exécuter sur ses biens tous dotaux, ce qui aboutit au même résultat que la clause que nous déclarons invalide.

Au premier argument on répond que la clause en question est contraire à l'ordre public pour le motif indiqué plus haut, et tombe sous le coup des articles 6, 1131, 1133, 1388. A simili, le mari ne pourrait se rendre incapable par contrat de mariage de donner à la femme pendant le mariage (A. 1096) ou de lui faire une vente, dans les cas où ce contrat est permis entre époux par l'article 1595.

Au deuxième argument on réplique qu'il n'y a pas de similitude entre les deux situations. Les obligations de la femme dotale qui s'est constitué en dot tous ses biens présents et à venir, ne sont pas nulles : autorisée de son mari, cette femme peut valablement contracter des dettes ; sans doute ces obligations ne peuvent s'exécuter sur les biens dotaux, mais si sur les paraphernaux, qui ne peuvent, en aucun cas, être rendus inaliénables par aucune clause du contrat de mariage, et sur ceux acquis par la femme après la dissolution du mariage, qui n'auront jamais été dotaux, quand même elle aurait constitué en dot tous ses biens présents et à venir. Enfin, il est intéressant de dire que ces obligations sont valablement contractées, car après la mort de la femme ses créanciers pourront saisir les biens de ses héritiers, à moins que ceux-ci n'aient fait une acceptation sous bénéfice d'inventaire. Si la clause dont la Cour de cassation n'admet pas la validité pouvait être insérée dans le contrat de mariage et être opposée aux tiers, les obligations de la femme seraient insusceptibles de produire aucun effet, même sur les biens non dotaux, ce qui est impossible : donc la clause n'est pas valable.

Les femmes mariées ne sont incapables, comme le dit l'article 1124, que dans les cas exprimés par la loi, et pourtant elles ne peuvent se rendre incapables de s'obliger avec l'autorisation du mari ou de justice, mais seulement faire que ces obligations, d'ailleurs valables en elles-mêmes, ne puissent s'exécuter sur les biens qui seront dotaux en vertu de leur contrat de mariage.

Cette clause, si elle était permise, serait infiniment désavantageuse à la femme et aux tiers, et c'est une raison suffisante pour la rejeter en pratique. Elle serait désavantageuse à la femme elle-même, contre qui se retournerait la protection qu'elle aurait voulu s'assurer de cette façon. Elle serait fâcheuse pour les tiers: ils seraient exposés, ne se doutant pas de la clause en question, à voir la femme avec laquelle ils ont traité sur sa foi tirer parti de cette clause pour faire prononcer la nullité de l'obligation souscrite ou de l'aliénation par elle consentie. C'est pour remédier à un pareil inconvénient qu'a été faite la loi du 10 juillet 1850, sur la publicité du contrat de mariage. En vertu de cette loi, la femme mariée sous le régime dotal ne peut, pour faire annuler les engagements par elle contractés, se prévaloir de son incapacité comme femme dotale, si l'acte de célébration du mariage porte qu'elle s'est mariée sans contrat : donc, dans ce cas, à l'égard des tiers du moins, elle doit être réputée capable de contracter dans les termes du droit commun. Il faut adopter la même solution à l'encontre de la clause illicite que nous venons de combattre et qui ne vaut même pas comme adoption du régime dotal.

QUATRIÈME QUESTION,

Lorsque le mari, d'après les conventions matrimoniales, a l'administra-
tion et la jouissance des biens propres de la femme, un tiers peut-il
faire à la femme une libéralité à condition que la femme aura l'admi-
nistration et la jouissance des biens ainsi donnés, à l'exclusion du
mari ?

Il faut répondre oui, bien que cette clause n'aille à
rien moins qu'à rendre à la femme une partie de la
liberté qu'elle avait aliénée au profit de son mari par
contrat de mariage, à la relever dans une certaine
mesure de son incapacité : 1° En effet, ce n'est pas le
mari, mais la femme qui est légataire ou donataire de
ces biens. Ce n'est pas à elle que le testateur ou
donateur a imposé un mode particulier de jouissance
ou d'administration, ce qui serait une condition illicite
et nulle apposée à la donation. 2° De plus, il n'y a
pas du chef des époux un changement aux conventions
matrimoniales, mais du chef d'un tiers, ce qui est
licite, indépendamment du fait et de la volonté des
époux. 3° Enfin les intérêts pécuniaires du mari souffrent
de cette clause de la donation ou du legs, mais non sa
puissance maritale, ni l'ordre public, car rien ne s'oppose à ce que la femme conserve après le mariage ou
recouvre l'administration et la jouissance de tout ou
partie de ses biens. Ainsi on peut donner des biens à
un enfant mineur sous condition que son père n'en aura
ni la jouissance, ni même l'administration, et pareille
clause est parfaitement valable.

CINQUIÈME QUESTION.

Supposons les époux séparés de biens conventionnellement ou judiciaire-ment. La femme a l'administration de ses biens, mais le mari ne con-serve-t-il pas le droit de surveiller cette administration et ne peut-il pas demander à la justice ou stipuler par une clause du contrat de mariage que la femme soit tenue, suivant les cas, à prendre telles pré-cautions que la justice ordonnerait ou qui seraient prévues par le con-trat ?

Non ce semble : 1° La loi, hors des cas précis, comme quand il s'agit d'ester en justice, d'aliéner des immeu-bles, de s'obliger en dehors des limites de l'adminis-tration, n'exige pas l'autorisation du mari pour les actes d'une administration qu'elle qualifie elle-même du nom de libre. 2° De plus, les tiers ne sauraient à quoi s'en tenir sur l'étendue de la capacité de la femme. 3° Enfin accorder au mari ce droit de contrôle, c'est en réalité lui accorder le droit d'administration et an-nihiler celui de la femme. Il serait utile qu'il en fut ainsi, mais la loi ne veut pas qu'indirectement, par ce droit de surveillance, on revienne à la nécessité de l'autorisation même de justice : aussi il a été souvent jugé que la femme dotale une fois séparée de biens ne peut pas être obligée, sur la demande du mari, à fournir caution pour la réception de ses deniers dotaux.

Disons pour conclure et en résumé: l'incapacité de la femme mariée n'est pas entièrement du domaine de la convention des parties ; elle ne peut être ni aggravée ni restreinte au delà d'une certaine mesure qui est fixée par la loi et qui est déterminée par des considérations d'ordre public.

CHAPITRE VI

Différences essentielles entre l'incapacité de la femme mariée et celle des autres incapables du droit français.

En droit français, les personnes se divisent en deux grandes catégories : 1° les personnes capables ; 2° les personnes incapables.

Les personnes capables sont celles qui peuvent seules accomplir valablement tous les actes de la vie civile. Les personnes incapables sont celles qui ne peuvent figurer à un acte déterminé. Cette incapacité est plus ou moins étendue. Il y a, selon le droit français, plusieurs catégories d'incapables, mais d'une incapacité particulière. En laissant de côté les mineurs émancipés, les personnes pourvues d'un conseil judiciaire, ou celles enfermées dans un établissement d'aliénés, sont incapables de contracter : 1° d'abord les mineurs, c'est-à-dire ceux qui à cause de leur âge doivent être protégés jusqu'à une certaine époque où ils peuvent être émancipés, et sinon, jusqu'au moment où ils deviennent majeurs et par là pleinement capables en principe, à moins d'aliénation mentale, de constitution d'un conseil judiciaire, ou d'interdiction ; 2° Les interdits, c'est-à-dire les majeurs qui doivent être protégés jusqu'à la levée du jugement d'interdiction, à cause de leur état habituel de démence. Du jour de ce jugement ils sont incapables de faire un acte quelconque, qu'il leur soit préjudiciable ou non. Le mineur, au contraire, n'est protégé que contre la lésion ; toutes les fois qu'il rend sa condition meilleure, il jouit de la même capacité que le majeur. C'est le sens de la maxime : *Minor restituitur non tanquam minor sed tanquam læsus.* En conséquence, le mineur qui attaque un acte irrégulier passé par lui, doit prouver deux choses, sa minorité et sa lésion. L'interdit n'a à prouver que son interdiction. Peu importe qu'il ait passé l'acte en question dans un intervalle lucide, cas où dans l'ancien droit l'acte eût été valable : aujourd'hui, ses actes sont annulables en tout état de cause ; c'est là une différence profonde qui le sépare du mineur.

La situation de la femme mariée est sur ce point analogue à celle de l'interdit, elle n'a qu'à prouver le défaut d'autorisation sans avoir à prouver la lésion. D'ailleurs si le contrat est annulé, les parties se doivent respectivement ce qu'elles ont perçu à l'occasion du contrat annulé, sauf l'exception de l'article 1312 en faveur des mineurs, des interdits et des femmes mariées qui ne se sont pas enrichis aux dépens de l'autre partie contractante, c'est-à-dire qui ont dissipé ce qu'ils ont touché. Si en effet, à l'époque de la demande, les incapables en question ont gaspillé ces avantages, ils ne doivent rien restituer à moins qu'il ne soit prouvé que ces personnes ont indirectement profité du contrat. L'incapable est alors tenu *quatenus locupletior factus est*. C'est donc au défendeur à l'action en nullité intentée par l'incapable, qu'il appartient de prouver l'enrichissement de l'incapable demandeur.

Les mineurs et interdits ont des représentants légaux : père, mère, tuteurs, qui les remplacent et font les actes que ces deux catégories d'incapables auraient intérêt à faire. La femme mariée n'a pas de représentant légal, mais elle a besoin de l'autorisation de son mari pour la pleine et entière validité de ses actes. Le mari n'agit pas pour elle en aucun cas, mais elle ne peut pas agir seule en principe, il lui faut l'autorisation de son mari.

Voilà par où la femme mariée diffère des autres incapables du droit français ; elle se rapproche du mineur émancipé et du majeur pourvu d'un conseil judiciaire, qui ont besoin de l'assistance du curateur

ou du conseil qui leur ont été donnés pour tous les
actes judiciaires et pour tous les actes extra-judiciaires qui dépassent le cercle d'une pure administration.
Cependant on ne peut aucunement l'assimiler ni au
majeur pourvu d'un conseil judiciaire, ni surtout au
mineur émancipé ; mais elle s'éloigne beaucoup de
l'interdit et plus encore du mineur non émancipé.

Les articles qui règlent la capacité de la femme
mariée auraient dû être placés au titre du Mariage
dans le Code civil pour le principe, et pour les détails
au chapitre du Contrat de mariage. En effet, l'incapacité générale et l'incapacité spéciale de la femme mariée sous les divers régimes nuptiaux ne sont pas de
même nature. C'est un point que nous préciserons
davantage plus loin. Disons de suite : l'une vient de la
loi, l'autre du contrat de mariage, et elles sont sou-
mises à des règles très différentes. Il y a une incapacité générale résultant du mariage, mais elle peut
être atténuée ou aggravée dans une certaine mesure
par le contrat de mariage, c'est-à-dire par le régime
matrimonial adopté en vertu de ce contrat. Par exemple, la femme séparée de biens a la libre administration de sa fortune personnelle, et par contre la femme
dotale est incapable non-seulement de contracter
valablement sans autorisation, mais même d'aliéner
directement ou indirectement sa dot immobilière,
aucuns disent même, à tort, sa dot mobilière, avec l'autorisation de son mari. Après avoir donné une idée
générale de l'incapacité de la femme mariée, de sa
nature, de son fondement, de ses limites, des bornes
que lui ont assignées les différentes législations qui
ont précédé le Code civil et le Code civil lui-même, il
reste à entrer plus avant dans l'étude du sujet par
l'examen successif des deux points qui vont faire l'objet de la seconde partie de notre thèse.

DEUXIÈME PARTIE

Deux questions se présentent à nous : 1° D'abord, quelle est l'incapacité de la femme mariée d'après le droit commun, c'est-à-dire le régime de communauté légale ? 2° Puis, quelles atténuations ou restrictions de cette incapacité peuvent résulter, soit de certains régimes matrimoniaux, soit de certaines clauses permises du contrat de mariage ?

CHAPITRE Iᵉʳ

Incapacité de droit commun

Ce premier point se subdivise naturellement en deux questions que nous allons résoudre l'une après l'autre : 1° pour quels actes la femme mariée est-elle incapable de droit commun ? 2° pour quels actes reste-t-elle capable ?

Premier point. — La femme mariée a besoin de l'autorisation maritale à partir de la célébration de son mariage jusqu'à sa dissolution, pour tous les actes qui intéressent sa fortune personnelle, mais rien que pour ceux-là ; et par acte il faut entendre tout fait juridique qui est la source d'une obligation ou d'une dette. Ainsi, la femme pourrait valablement agir comme mandataire d'un tiers sans l'autorisation de son mari ; elle l'obligerait envers autrui et obligerait autrui envers lui, *omisso medio*. Mais elle ne serait point obligée à l'égard de ce tiers, dont elle a accepté d'être la mandataire sans l'autorisation de son mari, à moins qu'elle ne se rende coupable envers lui d'un délit ou quasi délit.

Les actes pour lesquels la femme a besoin de l'autorisation de son mari sont de deux sortes : 1° les actes judiciaires ; 2° les actes extrajudiciaires.

Actes judiciaires. — Dans l'ancien droit (1), la femme séparée de biens n'avait pas besoin d'autorisation pour ester en justice à propos des actes de son administration, et même les femmes communes en biens commerçantes, pourvu qu'elles plaidassent à raison de leur négoce. Le Code civil est plus sévère, et son article 215 est fort mal rédigé. D'abord il dit : la femme même non commune (or c'est la plus incapable de toutes les femmes mariées). Il devrait dire : même la femme séparée (c'est la plus capable de toutes les femmes mariées). Voici comment il faut interpréter cet article : La femme ne peut ester en justice sans l'autorisation de son mari : 1° quelle que soit la juridiction compétente, même s'il s'agit d'appeler pendant le mariage d'un jugement rendu avant sa célébration ; 2° quel que soit le degré de l'instance, même s'il s'agit d'actions possessoires, même pour le préliminaire de conciliation (pour comparaître devant le juge de paix à cette fin, il faut être capable de transiger ; or, la femme mariée en est incapable, comme on le verra plus bas) ; 3° même pour figurer à une procédure d'ordre, même pour défendre à une poursuite en interdiction dirigée contre elle, ou pour provoquer l'interdiction de son mari ; même pour demander la nullité de son propre mariage ; en un mot, quel que soit l'objet et quelle que soit la nature de la contestation, même s'il s'agit d'un acte valablement accompli par la femme, soit parce qu'elle était autorisée, soit parce qu'elle n'avait pas, dans l'espèce, besoin d'autorisation : par exemple, pour poursuivre l'interdiction d'un parent, former une demande de pension alimentaire, rechercher sa maternité, demander l'envoi en possession, si elle est appelée à une hérédité en qualité de successeur irrégulier, etc., etc.; 4° quelle soit demanderesse ou défenderesse, ou

(1) A. 224 de la *Coutume de Paris.*

qu'elle se porte partie civile; 5° quand même elle serait marchande publique, et cependant elle peut alors sans autorisation s'obliger pour son négoce; 6° quelle que soit la partie adverse, fût-ce le mari.

Remarquons que si le mari poursuit sa femme en justice, il est censé l'autoriser tacitement à se défendre; si c'est la femme qui poursuit le mari et qu'il accepte le débat, même solution, car le concours du mari dans l'acte n'est exigé que pour les actes extrajudiciaires (1). S'il s'agit de comparaître comme témoin en justice, l'autorisation du mari n'est pas nécessaire, et cela va de soi.

Pourquoi ne pas permettre à la femme de plaider d'aucune façon sans l'autorisation expresse ou tacite de son mari? C'est que les procès sont toujours une mauvaise chose; donc l'autorisation du mari est justement exigée quand même la femme serait séparée de biens, et cependant alors la femme a des pouvoirs très larges d'administration sur ses biens personnels. Retenons donc cette règle : La femme ne peut ester en justice sans autorisation maritale, sous quelque régime nuptial qu'elle soit mariée. Par là, le mari pourra la forcer à acquiescer, à transiger, à compromettre, ou la faire condamner par défaut, s'il juge utile qu'elle évite le procès qui lui est intenté; il l'empêchera d'intenter un procès qui semble devoir infailliblement être perdu ou devoir jeter du discrédit sur la femme, et par ricochet sur lui-même. Ce principe, malgré sa généralité, souffre deux exceptions.

Première exception. — En vertu de l'article 216, l'autorisation maritale n'est pas nécessaire quand la femme est poursuivie pour un crime, un délit, une contravention; la femme mariée, comme le mineur et l'interdit, ne peut invoquer son incapacité qu'en matière contractuelle. L'action publique ne saurait

(1) C de Cass. 18 mars, 78, S. 78, 1, 193.

être entravée par le défaut d'autorisation maritale, qui mettrait la femme mariée à l'abri de la poursuite ; d'autre part, la femme contre laquelle l'action est dirigée, doit pouvoir se défendre sans aucune autorisation, car le droit de défense est trop sacré en pareille matière, pour être subordonné à l'arbitraire du mari; mais l'autorisation du mari reste nécessaire si la femme, au lieu d'être poursuivie, voulait poursuivre. Même sur le point qui précède s'élèvent quelques difficultés. L'article 2 du Code d'instruction criminelle, alinéa 2, ne résout pas, malgré controverse, la question de savoir quelle est la capacité nécessaire pour défendre à l'action civile ; on le lit mal : il est étranger à la question ; le mot *représentant,* employé par cet article, signifie l'héritier et non le tuteur ou le mari de l'incapable. L'article 7 du Code du 3 Brumaire an IV résout la question dans le sens de la transmissibilité, en disant : L'action publique s'éteint par la mort du coupable ; l'action civile se transmet aux héritiers. C'est dans l'article 216 du Code civil qu'est le siége de la difficulté, et ce même article en renferme la solution. L'autorisation du mari n'est pas nécessaire à la femme en matière pénale, sans distinguer, dit-on, entre l'action publique et l'action civile. La jurisprudence, il est vrai, pour soutenir cette opinion, est obligée de s'appuyer sur la doctrine de Jousse et celle de l'ancien droit (1). Mais ces précédents ne sauraient être invoqués ; car, dans l'ancien droit, la partie civile participait à l'action publique plus que maintenant; elle pouvait, par exemple, l'arrêter par une renonciation. C'est néanmoins l'opinion de M. Demolombe (2). D'après une doctrine opposée, l'article 216 ne vise que l'action publique : en matière pénale, on doit se

(1) Cass. 31 mai 1816, S. 1816, 1, 271. — Cass. 17 mars 1837, S. 1857, 1, 901. — JOUSSE. Commentaire sur l'ordonnance de 1670, titre 1, art. 1er et 2me.
(2) DEMOLOMBE. *Cours de Code Napoléon,* 4me vol., N° 143.

défendre seul sans se faire défendre par un tiers mis en cause. Quant à l'action civile, elle serait soumise au droit commun, et pour que la femme y pût défendre, il lui faudrait l'autorisation maritale ou de justice : l'action civile ne pourrait donc en aucun cas être dirigée contre l'incapable, c'est-à-dire ici contre la femme mariée qu'assistée ou autorisée de son mari. Il me semble qu'on ne saurait adopter ni l'une ni l'autre de ces opinons extrêmes. Il est nécessaire de faire une distinction. Si l'action civile est intentée accessoirement à l'action publique par la victime se portant partie civile, l'autorisation n'est pas nécessaire. C'est le cas d'appliquer ici la maxime *Accessorium sequitur principale*. (Articles 182 et 359 du Code de procédure civile). Même solution doit être, ce semble, admise quand le parquet ne veut pas poursuivre au criminel, et que la partie victime du prétendu délit assigne directement la femme mariée devant le tribunal correctionnel. Ce dernier ne peut condamner la femme à des dommages-intérêts, que s'il constate préalablement l'existence du délit, et partant la femme est exposée, dans cette hypothèse, à une condamnation correctionnelle ; donc nous sommes en matière pénale, et elle doit pouvoir se défendre sans autorisation. On dit en sens inverse : Tant que le ministère public n'a pas intenté l'action publique, on ne sait pas d'avance si elle sera exercée et partant on est jusque-là en matière civile ; d'autre part, le mari peut avoir intérêt à empêcher la femme de se défendre, la forcer par ce moyen à transiger, acquiescer, compromettre, pour éviter justement la mise en mouvement de l'action publique. Il me semble que l'intérêt de la défense de la femme doit ici primer l'intérêt que pourrait avoir le mari à ce qu'elle ne se défende pas en justice, et par conséquent l'autorisation ne paraît pas nécessaire dans ce cas. Au contraire, l'article 216 ne doit pas s'appliquer si le Tribunal correctionnel ayant déjà

jugé, la victime introduit devant le Tribunal civil une
action en réparation du préjudice causé : alors l'autorisation maritale est nécessaire. Du reste, il n'est
jamais besoin ici d'une autorisation par écrit : il suffit
qu'il soit constant que le mari permet. Aussi la cir-
constance que le mari est lui-même en cause est
avec raison considérée comme une autorisation suffisante pour la femme.

Deuxième exception. — Le refus d'autorisation du
mari ne saurait empêcher la femme d'introduire une
instance en séparation de corps ou en divorce. Alors,
c'est non pas le Tribunal, mais son président qui donne
l'autorisation s'il n'a pu réussir par son influence à
empêcher l'action.

Si un procès est déjà commencé par la femme avant
son mariage, il faut distinguer suivant que l'affaire est
en état ou non. Quand la procédure et l'instruction
sont terminées, qu'il ne reste plus qu'à prononcer le
jugement, l'autorisation du mari est inutile ; autrement elle est nécessaire, à moins que le mariage n'ait
pas été notifié à l'adversaire de la femme, car il n'est
pas tenu de savoir qu'elle a changé d'état.

Actes extra-judiciaires. — Les actes extra-judiciaires sont tous ceux qui intéressent le patrimoine et
se passent sans l'intervention de la justice. Le principe
est que le mari doit être consulté et autoriser sa
femme non-seulement quand elle s'oblige envers les
tiers, mais même quand elle oblige les tiers à son
égard ; par exemple, quand elle accepte une donation, un legs ou une succession. Nous en connaissons
déjà le motif : empêcher les récriminations entre
époux, et assurer la paix du ménage par l'unité de
direction réservée au mari seul. Il reste à savoir quels
sont ces actes soumis à l'autorisation du mari ou de
justice, même si la femme est séparée de biens et a
comme telle une large capacité. L'article 217 donne
une énumération incomplète et parle à tort comme

l'article 215, de la femme non commune : il devrait dire : la femme même séparée. Les articles 219 et 224 emploient des expressions justes en disant : passer un acte, figurer à un contrat; cependant une énumération semble ici nécessaire pour préciser ce qu'il faut entendre par la généralité de ces termes. En principe, la femme mariée est incapable, sans le concours du mari dans l'acte ou son consentement par écrit, de faire aucun acte de disposition ou d'administration sur sa fortune personnelle, d'obliger et de s'obliger, par exemple : 1° d'aliéner à titre gratuit ou onéreux ses biens, meubles et immeubles par vente, échange, donation ou autrement ; 2° de constituer sur ses immeubles des servitudes personnelles ou réelles, comme usufruit ou hypothèque, même s'il s'agit d'un immeuble acheté par elle avec les économies qu'elle aurait pu faire sur ses revenus, car l'article 1538 dit : En aucun cas ; mais c'est là une disposition regrettable ; 3° d'acquérir à titre onéreux par achat ou autrement, ou à titre gratuit par donation, legs ou succession ; de se faire consentir usufruit, hypothèque, servitude sur les biens d'autrui, *ne turpem quœstum faciat;* 4° de recevoir le payement d'une créance ou de payer une dette. 5° de l'incapacité d'aliéner découle, ce semble, pour la femme mariée l'incapacité de s'obliger par aucun contrat, même en acceptant un mandat ou en recevant un dépôt, car comment contraindre à l'exécution de son obligation une personne qui ne peut donner sans autorisation maritale aucune des choses qui lui appartiennent ni se dépouiller par le seul effet de sa volonté, d'une façon directe ou indirecte, d'aucune partie de sa fortune personnelle, qui ne peut s'obliger valablement que par ses délits et quasi délits? Mais en réalité l'incapacité de s'obliger découle plutôt de l'incapacité d'administrer que de l'incapacité d'aliéner, car lorque la femme peut administrer, elle peut du même coup s'obliger dans les limites de son administration, mais pas au-delà. Si l'incapacité de s'obliger dérivait de l'incapacité d'aliéner, il faudrait dire : dès que cette incapacité est levée, la femme est libre de s'obliger sans aucune limite, ce qui n'est pas. Tel est donc le principe dans sa généralité : prohibition large d'administrer, de disposer, d'obliger, de s'obliger personnellement. Notons du reste que la femme peut sans autorisation du mari valablement agir au nom d'un tiers, en exécution d'un mandat conventionnel ; car la validité de l'acte juridique fait par un mandataire n'est pas subordonnée à la capacité personnelle de ce dernier. Ce qui est interdit à la femme mariée, c'est d'agir pour elle-même, de façon à devenir personnellement créancière ou débitrice sans l'agrément de son mari, chef du ménage et de la famille, gardien des intérêts communs, en quelque sorte conseil obligé et curateur de sa femme.

Il y a des exceptions assez nombreuses au principe de l'incapacité de la femme mariée pour les actes extra-judiciaires, car dans bien des cas, par exemple, une obligation peut naître à la charge d'une personne sans qu'elle le veuille ou même le sache. Dans ces cas, ni le mari, ni la justice n'ont à donner leur autorisation : la force des choses veut qu'on s'en passe (Article 1370). Tandis qu'en matière d'actes judiciaires il n'y a que deux exceptions au principe de l'incapacité de la femme mariée, en matière d'actes extra-judiciaires, il y en a au moins une dizaine que nous allons étudier successivement et qui ont un caractère commun qu'on peut indiquer d'avance : c'est que dans tous les cas où la femme peut se passer de l'autorisation maritale et reste donc capable d'agir seule valablement, le devoir d'obéissance de la femme, d'une part, et de l'autre, le devoir de direction et de protection du mari ne sont pas en jeu ; le fondement sur lequel repose l'incapacité de la femme mariée venant à disparaître, il n'est pas étonnant que cette incapacité elle-

par le droit romain : sans quoi, si la province a conservé son droit privé local et ses tribunaux et son droit
de légiférer, d'après sa charte constitutive (lex ou
forma provinciæ), les pérégrins, quand ils appartiennent à la même nationalité, sont soumis à leur législation nationale dans leurs rapports entre eux, comme
on le voit très-clairement dans de nombreux passages
de Gaius déjà cités la plupart, notamment les paragraphes 189, 193, 197, 198 du Commentaire Ier, les
paragraphes 96, 120. 134 du Commentaire III. Si les
adversaires sont pérégrins mais de nationalité différente, le préteur ne peut les juger ni d'après le droit
romain, ni d'après le droit national de l'une seule
des parties ; sa règle est l'équité : il jouit donc à cet
égard d'un pouvoir arbitraire illimité.

Si les parties sont l'une romaine, l'autre étrangère,
quelle loi appliquer ?

Aucun texte ne permet de trancher la question avec
certitude : du moins les paragraphes 31, 46, 47, 104,
105 du Commentaire IV de Gaius invoqués pour soutenir que le droit civil s'applique en général à ces dif-
férends, ne paraissent pas concluants, et il semble
qu'on puisse dire en sens contraire : Tant que le
citoyen romain est en contestation avec d'autres
citoyens romains, il reste sous l'empire du droit civil,
et le magistrat le lui applique ; mais dès qu'il entre en
relation avec un pérégrin, le droit des gens est la seule
règle du juge appelé à trancher leurs débats d'après
l'édit annuel du préteur pérégrin, qui peut étendre à
ces cas les règles du droit civil aussi bien que sanctionner les préceptes du droit des gens, à son gré (1).

(1) GAIUS. Commentaire IV, paragraphe 37. «Si modo justum
sit eam actionem ad peregrinum extendi. »

Le juge, en principe, est un citoyen romain, mais peut être aussi un pérégrin si les deux plaideurs sont pérégrins ou même si le défendeur seul est pérégrin, et cela en vertu de la loi de la province ou de l'édit du gouverneur (1).

Puisque les actions de la loi sont interdites en général aux pérégrins, ce fut certainement à leur occasion que s'introduisit la procédure formulaire. Il suffit pour corroborer cette opinion de faire remarquer que la loi Æbutia, qui établit cette nouvelle procédure, postérieure de 131 ans à l'établissement du préteur urbain, est postérieure seulement de quelques années à la création du préteur pérégrin (243 av. J.-C.) (2).

Plus tard, sous la procédure extraordinaire, le magistrat investi de la juridiction juge indistinctement les pérégrins et les Romains, sans les renvoyer devant un juge pérégrin ou romain.

Dès l'établissement presque simultané du préteur pérégrin et de la procédure formulaire, les pérégrins peuvent proprio nomine poursuivre en justice l'exécution des obligations qu'ils ont acquises à leur profit, ils peuvent aussi y être poursuivis pour les obligations qu'ils ont contractées à l'égard des Romains ou d'autres pérégrins. Seulement, en général, ils ont des actions utiles et non directes, in factum et non in jus, fictices et non directes.

L'action dite *utile* par opposition de celle appelée *directe* est celle étendue par le préteur *utilitatis causa* à des situations nouvelles en vue desquelles l'action directe n'a pas été créée, elle est une copie de l'ac-

(1) Cicéron. *In Verrem*, II, 2, 13.
(2) Il y a d'autres dates proposées (234, 235, 242, 244, 246, 247), mais la différence n'est pas considérable. Entre la plus récente et la plus éloignée l'écart est seulement de treize années.

tion directe correspondante dont elle prend le nom
et les règles ; la seule différence c'est que, pour accorder l'action utile, le préteur exige quelque condition
de moins que pour accorder l'action directe. Sont des
actions utiles celle accordée à propos d'un vol pour
et contre un pérégrin et la publicienne.

Une action in factum par opposition à une action
in jus est en général une action accordée par le préteur, qui se place en dehors du droit civil et s'écarte
de tous les types d'action déjà connus, en subordon-
nant la condamnation à la vérification d'un fait et non
plus à l'existence d'un droit sanctionné par le droit
civil. Une action in factum est quelquefois une action
utile : car toutes les actions in factum ne sont pas des
actions originales. Ainsi l'action utile de la loi Aquilia (1) est in factum. Est au contraire directe, bien qu'in
factum aussi, l'action réelle hypothécaire relativement
à des fonds italiques ou provinciaux.

Quant aux actions qu'on appelle directes par oppo-
tion à celles qu'on appelle fictices, le succès est subordonné pour le demandeur à la preuve de l'existence de
toutes les conditions requises par le droit civil.

Si ces conditions ne sont pas toutes remplies, le
magistrat peut dire au juge de feindre que cette condition absente existe, et de porter son examen sur les
autres pour apprécier la prétention du demandeur, qui
profite alors d'une action fictice. Toutes les actions
fictices sont en même temps utiles ; de même toutes
les actions in factum qui sont la copie d'une action
originale. Telle est l'action publicienne ordinaire ; telle
est aussi l'action donnée pour ou contre le pérégrin
à l'occasion d'un vol dont il est l'auteur ou la victime.

(1) Loi *Rubria de Gallia Cisalpina*, paragraphe 20.

Ces deux actions sont tout ensemble utiles et fictices. En résumé, le préteur étend des actions préexistantes ou il en crée directement.

1° Les actions préexistantes étendues hors des cas prévus sont fictices ou in factum ;

2° Les actions originales créées directement sont toutes in factum.

Par exemple, en principe, le citoyen romain dépossédé par un vol a seul le droit de réclamer du voleur citoyen romain lui aussi, suivant les cas, le double ou le quadruple de la valeur qui lui avait été dérobée; plus tard, un édit du préteur étendit ce droit aux pérégrins, à qui pour le besoin de la cause on feint de reconnaître la qualité de citoyen romain. Il en est de même absolument pour l'action de la loi Aquilia, mais cette fiction n'est nécessaire qu'en matière pénale et non civile, car on accorde au pérégrin la publicienne sans recourir à la fiction de cité romaine.

« Civitatis romana peregrino fingitur si eo nomine agat aut cum eo agatur quo nomine nostris legibus actio constituta sit, si modo justum sit eam actionem etiam ad peregrinum extendi, velut si furti agat aut cum eo agatur. Similiter si ex lege Aquiliâ peregrinus damni injuriæ agat aut cum eo agatur, fictâ civitate romanâ judicium datur (1). »

(1) Gaius. Commentaire IV, paragraphes 36, 37.

CHAPITRE VII

Améliorations possibles dans la condition juridique des pérégrins.

A l'origine, l'étranger avec la nation duquel Rome a fait un traité, a seul quelques droits fixés par cette convention, sans quoi il peut être considéré comme un ennemi, hostis, tant qu'il n'est pas sous la protection d'un citoyen romain ou de l'État. Bref, il est exclu du droit public et privé. La situation des pérégrins peut se trouver améliorée par plusieurs causes : soit par les relations privées entre un pérégrin et un citoyen romain devenu son protecteur, soit par suite de relations publiques entre la nation à laquelle appartenait le pérégrin et le gouvernement de la République ou de l'empire.

Voici les améliorations qui pouvaient résulter des relations privées ; elles découlaient de deux sources : 1° L'hospitium privatum; 2° le patronage et la clientèle.

L'hospitium privatum constituait un lien d'amitié entre le pérégrin et le citoyen romain; désormais le pérégrin était sous la sauvegarde du citoyen qui devait le défendre et le représenter en justice.

Le patronage mettait le client pérégrin dans un certain état de dépendance à l'égard du patron romain, mais celui-ci devait sa protection à son client aussi bien pérégrin que romain ; manquer à ce devoir était commettre un crime digne des supplices de l'enfer, comme l'atteste Virgile au 6ᵐᵉ livre de son Énéide, vers 609.

« Pulsatusve parens aut fraus innexa clienti ».

Dans les deux cas, le citoyen romain avait désormais l'obligation morale de protéger en tout état de cause les intérêts et la personne du pérégrin, son hospes ou son client.

Voilà les améliorations de la condition juridique du pérégrin que pouvaient amener des relations publiques entre l'État romain et le pays auquel il appartenait, un traité de commerce sur le pied de la réciprocité, ce qu'on appelait l'hospitium publice datum. On peut dire, néanmoins, qu'à Rome l'on ne connut que fort tard, sauf pour les vaines formalités de la déclaration de guerre et de la conclusion des traités de paix, ce que nous connaissons sous le nom de droit international public ou droit des gens, c'est-à-dire un ensemble de règles qui gouvernent les rapports d'État à État indépendants l'un de l'autre et égaux non en force mais en droit. Rome, sous l'Empire comme sous la République, se guida toujours dans ses rapports avec les nations étrangères d'après la vieille maxime de la loi des 12 Tables : « Adversus hostem æterna auctoritas esto », et celle de Virgile (1) :

« Tu regere imperio populos, Romane, memento,
Hæ tibi erunt artes, pacique imponere morem,
Parcere subjectis et debellare superbos ».

A l'origine il n'y avait sur le territoire romain d'autres hommes libres que les citoyens. Quiconque n'était pas citoyen était sans droits. L'étranger forcé de séjourner à Rome n'avait pour se faire respecter que la double ressource dont nous venons de parler. Il se mettait sous la protection d'un citoyen romain, grâce à l'hospitium. Les liens de clientèle et de patronage pouvaient lui assurer un moyen de défense analogue. Ces deux institutions étaient aussi anciennes que Rome, mais la protection de fait qu'elles accordaient

(1) *Ænéide*, livre VI, vers 851, 853.

à l'étranger ne fut bientôt plus suffisante. Rome ne tarda pas à établir avec les nations voisines des règles de trafic international sur le pied d'une sorte de réciprocité. Lorsque cette ville eut peu à peu acquis la prépondérance d'abord en Italie (268 av. J.-C.), puis sur tous les rivages de la mer Méditerranée (146 av. J.-C.), mare nostrum, comme disaient les Romains, elle se fit la belle part dans les territoires des peuples vaincus ; mais même après la conquête de tant de provinces annexées à son empire, elle continua à conclure de ces traités avec les nations restées plus ou moins indépendantes de sa domination.

D'autre part, lorsque Rome n'avait pas fait de ces traités avec les nations étrangères et qu'elle les avait assujéties, elle ne les réduisait par toutes en esclavage, mais elle accordait aux peuples compris dans le territoire de l'empire des conditions plus ou moins bonnes, très variables depuis la condition de citoyen avec tous les avantages attachés à cette qualité jusqu'à celle de déditice avec toutes ses déchéances et ses incapacités. C'était admirablement employer l'art de diviser pour régner où les Romains excellèrent. De la sorte ils récompensaient les services rendus, maintenaient leurs sujets dans le devoir par la perspective d'une condition meilleure ou la crainte d'une condition pire, et les prérogatives différentes accordées aux nombreux peuples de l'Empire ne permettaient pas une entente commune contre le vainqueur. Toutes ces catégories d'étrangers plus ou moins bien traités que les pérégrins proprement dits vont faire l'objet *d'un court appendice*, comme ne rentrant dans notre sujet que d'une façon accessoire et incidente.

En restant dans le domaine de la condition juridique de l'étranger pur et simple, il faut noter qu'un individu de cette classe ou même une cité entière pouvait recevoir du Sénat ou du peuple Romain sous la République, plus tard de l'Empereur, le jus hospitii publici, comme récompense de services rendus. Certains priviléges découlaient de ce genre d'hospitium, mais ils ne nous sont pas bien connus. Exemple: en 178, un sénatusconsulte accorde cette faveur à Asclepias de Clazomène, près de Smyrne, et à deux autres capitaines de vaisseau qui comme lui avaient rendu des services à la République. Cette faveur fut souvent accordée individuellement à des particuliers, au dire de Tite Live XLIV, 16 (1). De plus, les traités intervenus entre Rome et une autre nation indépendante pouvaient régler le mode dont la sûreté et les intérêts des nationaux de chaque État seraient protégés pendant leur séjour temporaire ou prolongé sur le territoire de l'autre État, et même instituer sur le territoire romain des tribunaux mi-partie comme ceux des récupérateres. Exemple: en 71 avant J.-C., une loi Antonia accorde ce droit d'amitié et d'alliance aux citoyens de Termesse, dans la grande Pisidie, en Asie Mineure, en leur conservant l'usage de leur loi nationale pour tous les points où il n'y est point dérogé formellement par le plébiscite en question (2). On peut voir, pour plus de détails là dessus, l'*Histoire du droit français au moyen-âge* de M. Giraud, tome 1, page 9 et suivantes; il contient des indications sur le droit international entre Rome et Marseille. On peut voir aussi sur cette question ce que dit Willems, pages 129 et 381, N° 9 de son ouvrage sur le droit public des Romains et le Sénat de la République romaine (3).

(1) Bruns. *Fontes juris*, page 148 et suivantes. C. I, L. I, N° 203.
(2) Bruns. *Fontes juris*, page 85. C. 1, L. I, N° 204.
(3) Voir aussi Ihéring, *Esprit du Droit romain*, en entier et principalement, tome I, pag. 226 à 246; tome IV, pag. 212, 213 et 260.

CHAPITRE IX

Catégories d'étrangers plus ou moins bien traités que les pérégrins proprement dits.

Lorsque les Romains avaient vaincu un peuple jusque là indépendant et qu'ils voulaient annexer son territoire à celui de leur empire, ils le réduisaient en province romaine.

La province n'est qu'une circonscription administrative et militaire; à partir de l'Empire, les unes dépendent du Sénat, les autres de l'Empereur; les unes sont gouvernées par des proconsuls ou des propréteurs, les autres par des lieutenants de César, qu'on appelle aussi procurateurs, présidents, préfets. Le gouverneur a sur sa province une autorité absolue, à la fois civile et militaire, et il l'exerce moins au profit de la province que de Rome, ou plutôt au profit de Rome seule. Dans la même province, tous les étrangers et toutes les villes ne sont pas également traités, mais suivant des règles très différentes, d'après la catégorie où le bon plaisir et l'intérêt de leurs maîtres, les Romains, ont bien voulu les placer. Les principales de ces catégories sont les Latini veteres, contemporains de Tarquin le Superbe (510), qui disparurent sur la fin de la République (1), les Latini colonarii, les Latini juniani, les populi fœderati et socii, les colonies, les municipes, les préfectures, les populi fundi, et finalement, les déditices; chacune formera l'objet d'un court chapitre.

(1) Les Latini veteres sont donc antérieurs à la création des provinces; on peut même dire qu'ils ont disparu ou du moins qu'ils tendent à disparaître quant les provinces sont créées, la Sicile en 241, la Sardaigne et la Corse en 238. (BRUNS. *Fontes juris.* Lex Latina, pages 50 à 52.)

CONDITION JURIDIQUE DES LATINI VETERES

Les Latini veteres sont les habitants du Latium qui, après avoir été confédérés avec Rome dans les premières années de son existence, furent finalement réduits par elle à reconnaître la suprématie de Rome sous Tarquin le superbe (510 av. J.-C.). Après la guerre sociale (88 av. J.-C.), une loi proposée par le père de Jules César conféra la cité romaine à toute cette catégorie de Latins.

Les Latini veteres n'avaient ni le jus honorum, ni le jus suffragii, malgré controverse ; donc point de droits politiques. Dans le domaine du droit privé, ils ont le commercium et aussi le connubium malgré controverse, comme le prouve l'histoire ou la légende des Curiaces et des Horaces, et celle plus probante encore de l'enlèvement des Sabines ; mais, plus tard, à la suite de leurs révoltes successives, ils perdirent le connubium en punition de leur dernier soulèvement. Jusque-là, ils avaient le droit de servir à titre de socii, mais non de légionnaires, dans les armées romaines.

CONDITION JURIDIQUE DES LATINI COLONARII

Quand Rome avait conquis un territoire, elle y fondait généralement des colonies, qui se ramènent à deux types principaux : les colonies romaines et les colonies latines.

Les colonies romaines sont formées de citoyens romains dont on a voulu débarrasser Rome : elles servent de postes avancés pour défendre le territoire soumis aux Romains et répandre alentour les institutions de la métropole; elles ont des magistrats à elles, mais suivent le droit romain : leurs citoyens ont le droit de cité romaine, sauf les droits politiques comme le jus honorum et le jus suffragii, par la bonne raison qu'ils ne peuvent s'exercer qu'à Rome. S'ils se trouvent dans la Ville, ils ont le droit de suffrage dans les comices et votent dans une tribu tirée au sort (1). Inutile donc d'insister sur la condition juridique des membres de ces colonies, complétement assimilés aux romains de Rome dans la sphère du droit privé (2). Quant aux habitants indigènes, ils n'ont aucune part à l'administration de la colonie et sont régis par leur droit privé local.

Les Latini colonarii se subdivisent en plusieurs catégories par leur origine, mais leur condition juridique est la même pour tous. Ce sont :

1° Les habitants des colonies fondées par les Romains et à qui ils n'ont accordé ni la cité romaine, ni la condition des Latini veteres et qui se composaient de trois sortes de personnes : 1° de Romains qui renonçaient à leur patrie volontairement ; 2° de Romains condamnés à une amende, et qui par là évitaient de la payer ; 3° de fils de famille romains désignés par leur père (3) ;

2° Les individus ou les cités pérégrines, à qui une concession du prince a accordé le jus latinitatis, c'est-à-dire une condition intermédiaire entre le droit de cité et l'état de pérégrin proprement dit ;

3° Enfin, les Romains eux-mêmes qui émigrent dans une colonie latine déjà existante.

(1) Tite Live, 25, 3.

(2) Aulu Gelle. *Nuits attiques,* XVI, 13. « Romæ effigies parvæ simulacraque esse videntur. »

(3) Gaius. Commentaire Ier, paragraphe 131. « Qui jussu parentis olim in Latinam coloniam immigrabant, de potestate exibant, desinebant enim cives romani esse, quum acciperentur alterius civitatis cives. »

A l'origine, ces colonies avaient été formées avec des Latini veteres au temps de leur confédération avec Rome : de là leur nom ; de là aussi leur condition juridique. Ils n'ont aucun droit politique, ni le connubium comme les Latini veteres après leur déchéance, mais bien le commercium.

Du reste ils arrivent à la cité romaine par les mêmes modes et pour la même raison que les Latini veteres.

Le jus latinitatis se transmet de père en fils et s'accorde plus libéralement que la cité romaine. Vespasien, par exemple, donna ce droit à toute l'Espagne.

Il ne faut pas confondre les Latini colonarii avec les Latini juniani ; les uns sont des hommes libres, ingénus, les autres sont des esclaves à demi affranchis pour qui la loi Junia Norbana (19 ap. J.-C.) créa un Jus Latii ou statut personnel tout spécial. C'est depuis la loi Junia que les jurisconsultes distinguent entre ces deux espèces de Latins (ULPIEN, R XIX, 4), mais les uns et les autres sont des étrangers.

Les deux principales différences qui les séparent sont les suivantes :

1° Les Latini colonarii avaient la factio testamenti passiva et activa avec les citoyens romains ; les Latini juniani, rien que la factio testamenti passiva sans le jus capiendi ex testamento.

2° Les uns et les autres peuvent acquérir la cité, mais par des modes très différents et pour des motifs qui ne sont pas inspirés par la même idée.

Une fois acquise, la condition de Latinus colonarius se transmet par la naissance d'après les mêmes règles que la nationalité romaine. Ainsi 1° l'enfant issu du mariage d'un romain et d'une latine naît latin (1) ;

_____

(1) GAIUS. Commentaire 1er, paragraphe 67.

2° l'enfant issu d'un pérégrin et d'une latine est péré-grin et vice versâ ; 3° contrairement à la loi Minicia ou Mensia et conformément aux principes généraux à partir d'Adrien, l'enfant issu du mariage d'une Romaine et d'un Latin naît romain (1).

Appendice sur la naturalisation des Latini colonarii

Dans trois cas, les Latins colonarii acquièrent la cité romaine par le bienfait de la loi : 1° s'ils s'établissent à Rome en laissant des enfants dans leur patrie ; 2° s'ils font condamner un magistrat romain comme concussionnaire ; 3° lorsque pendant un an, ils ont exercé une magistrature dans leur pays (2).

Gaius (3) nous apprend que parfois le magistrat latin acquiert la cité romaine pour lui et pour ses en-fants, tantôt rien que pour lui seul. C'est ce qu'il appelle le majus et le minus Latium. Pour les Romains c'était un moyen de priver les Latins de l'élite de leur population, de leur classe dirigeante au profit de Rome.

« Minus Latium est quum hi tantum qui vel magis-tratum vel honorem gerunt, ad civitatem romanam perveniunt. »

Ce privilège constitue toute la différence entre ce que les jurisconsultes appellent le droit latin majeur et le droit latin ordinaire, tel qu'il était constitué depuis le traité qui rétablit la confédération latine, en 268 avant J.-C., droit qui est désormais qualifié de Latium minus. On a longtemps discuté sur le sens de ces

(1) Gaius. Commentaire Iᵉʳ, paragraphes 30 et 80 et 81.
(2) Loi de Salpenza, paragraphe 21. — Loi Acilia Repetunda-rum. De civitate danda. Bruns, p. 67, *Fontes juris*.
(3) Gaius. Commentaire Iᵉʳ, paragraphe 95.

deux expressions jusqu'à la révision du texte de Gaius par M. Studemand (1869-1874). Ce texte soulève une nouvelle question. Qu'est-ce que ces *honores* distincts des magistratures? M. Baudouin entend par là les magistratures inférieures à l'édilité et à la questure, puisqu'il est prouvé par les faits que les sacerdoces ne conféraient pas le droit de cité : Hirschfeld pense que l'honor est la charge des præfecti, qui suppléent l'Empereur quand celui-ci a accepté une magistrature municipale. Comme il n'est pas question du majus ni du minus Latium avant Gaius, qui parle dans son texte au présent, il est naturel de penser que cette distinction était toute récente au moment où écrivait ce jurisconsulte; Hirschfeld propose comme date approximative le règne d'Adrien. Voir là-dessus : *Étude sur le majus et le minus Latium,* par Baudouin ; Nouvelle revue historique 1880, 1882, et Bouché Leclerq, *Manuel des Institutions romaines,* page 185.

CONDITION JURIDIQUE DES LATINS JUNIENS

Les Latins juniens sont bien des étrangers, mais non des ingénus comme les Latini veteres ou colonarii ; ce sont des affranchis : 1° qui n'ont pas été affranchis selon l'une des trois formes solennelles ; 2° ou qui l'ont été par des maîtres qui n'avaient sur eux que l'in bonis ; 3° ou qui, n'ayant pas été affranchis par la vindicte, en vertu d'une justa causa approuvée par un conseil ad hoc, sont âgés de moins de 30 ans, en vertu de la loi Ælia Sentia (1). Leur condition fut régularisée par la loi Junia Norbana, que les uns placent en l'an 19 de notre ère, sous Tibère, et que d'autres font remonter jusqu'en l'année 83 av. J.-C. C'est de cette loi que cette catégorie de Latins tire son nom.

(1) GAIUS. Commentaire 1er, paragraphe 22.

Ils n'ont ni droits politiques, ni connubium : rien que la factio testamenti passiva sans le jus capiendi, à moins que dans les 100 jours de l'ouverture de la succession ils n'acquièrent la cité romaine ; s'ils vivent libres, ils meurent pour ainsi dire esclaves, car leurs biens reviennent au patron non pas jure successionis, mais jure peculii.

Appendice sur la naturalisation des Latini juniani.

Le législateur eut soin d'ouvrir largement aux Latins juniens l'accès de la cité, mais en faisant de cette faveur la récompense de services rendus à la chose publique. Le choix des moyens d'émancipation mis à la portée de ces aspirants au droit de cité indique quelles étaient, aux diverses époques, les préoccupations du Gouvernement. Gaius et Ulpien (1) ne comptent pas moins de huit moyens : par décret impérial (beneficio principali) ; par procréation de trois enfants mâles, liberis vel triplici enixu (loi Ælia Sentia) ; par six ans, plus tard trois ans seulement de service dans le corps des Vigiles (Loi Visellia), militia ; par construction d'un fort navire employé au transport de l'annona (édit de Claude), navi ; par la construction d'une grande maison dans Rome (édit de Néron), ædificio ; par l'exercice de la boulangerie en grand (édit de Trajan), pistrino ; si, après avoir reçu la condition de Latin, cet homme est régulièrement affranchi par celui dont il était l'esclave jure quiritium, iteratione : dans ce cas, le Latin acquiert la cité pour lui et pour ses enfants (2) ; enfin, par la causæ probatio que nous expliquerons plus bas. C'est encore un moyen pour enrichir Rome de l'élite des

---

(1) Gaius. Commentaire Ier, 28 à 35. — Ulpien. Règles. III, 1 à 6.
(2) Ulpien. R. III, 4.

affranchis. Remarquons que cette classe d'étrangers s'établit à Rome presque au même moment où la catégorie des Latini veteres venait de disparaître, si toutefois il faut placer la loi Junia Norbana en l'an 83, et non près d'un siècle plus tard. Les Latins juniens auraient donc paru ou auraient vu leur condition juridique fixée définitivement cinq ans seulement après que les Latini veteres eurent cessé d'exister. Cette catégorie de Latins disparaît elle aussi sous Justinien. A partir de ce prince tout les affranchis deviennent citoyens romains comme avant la loi Junia Norbana.

CONDITION JURIDIQUE DES DÉDITICES

Les déditices se composent de deux sortes de gens d'origine très diverse et dont la condition est cependant la même : 1° ce sont d'abord les peuples qui se sont rendus à discrétion aux Romains ; 2° ce sont aussi, en vertu de la loi Ælia Sentia que l'on place en l'an 3 ou 21 après J.-C., sous Auguste ou sous Tibère, les esclaves qui avant d'être affranchis d'une façon quelconque avaient subi une peine infamante.

Les déditices n'avaient pas même le commercium, et de plus, comme ils étaient sine certâ civitate, ils ne pouvaient acquérir et transmettre que par les modes du droit des gens exclusivement. Défense leur était faite de paraître à Rome ou dans un rayon de 100 milles, sous peine d'être vendus comme esclaves, sans qu'il fût possible de les affranchir sous peine de nullité de ce nouvel affranchissement ; ils devenaient alors les esclaves du peuple romain. De leur vivant ils devaient au patron les obsequia et les operas, et à leur mort leurs biens, comme ceux des Latins juniens, revenaient au patron jure peculii. Ils n'avaient pas la capacité de recevoir une libéralité testamen-

femme. Le mari est toujours le chef du ménage : il peut défendre à sa femme de disposer de sa fortune personnelle contre son gré, sans en avoir lui-même l'administration presque libre, comme sous le régime de droit commun, la communauté légale. Ici, point de bourse commune, le mari ne peut toucher au patrimoine de la femme sans le consentement de la femme, ni la femme sans le consentement du mari ; c'est donc, ce semble, le régime qui laisse le plus d'indépendance aux conjoints dans le domaine des intérêts pécuniaires ; s'ils sont d'accord, et pourquoi ne le seraient-ils pas sous ce régime ? ils auront beaucoup plus de facilités que sous tout autre de régler leurs affaires : l'harmonie du ménage gagnera, sans doute, à la distinction de leurs intérêts matériels ; la femme sera, si on le veut, comme la pensionnaire de son mari et le mari comme le patron de sa femme, mais la séparation des patrimoines ne fera que resserrer l'union des cœurs. Cependant, ce régime peut avoir un inconvénient, celui de laisser à la femme, sauf l'autorisation du mari ou de justice, la liberté de contracter, même dans l'intérêt de son mari, des obligations exécutoires sur toute sa fortune personnelle : ainsi le patrimoine de la femme séparée n'est pas peut être assez sauvegardé contre les abus d'influence du mari ; mais on doit supposer que le mariage a émancipé là femme comme il émancipe le mineur, et il n'y a pas de raison de ne pas la croire capable de résister aux exigences injustes de son conjoint. Sous le régime de séparation de biens conventionnelle, chaque époux conserve pour lui la propriété de ses biens et des acquisitions qu'il peut faire durant le mariage, soit avec les économies des revenus de ses biens, soit avec le produit de son travail ; seul il paye ses dettes et peut être poursuivi pour elles. Ici les meubles du mari ne pourraient pas être saisis par les créanciers de la femme et *vice versa,*

5*

même s'il y a défaut d'inventaire pour en établir la consistance, car l'inventaire n'est exigé que lorsque les meubles des époux se trouvent réunis et confondus sous la possession du mari. Ici les époux au contraire conservent séparément la propriété et la possession de leur mobilier respectif. Le Code civil ne renferme, sur la question de la capacité de la femme séparée de biens, que quatre articles insuffisants 1449, 1536, 1538 et 217, auxquels on peut ajouter, il est vrai, l'A. 1576 qui règle une situation analogue. Dans l'A. 1449, la loi ne parle que de la capacité de la femme séparée de biens judiciairement, quand la séparation fait suite à la communauté; mais il faut appliquer les règles qu'il énonce à la femme dotale sans dot, et dotale avec paraphernaux, et à la femme séparée de biens conventionnellement; nous marquerons plus bas les principales différences, du reste assez légères, qui distinguent ces diverses catégories de femmes mariées. Pour le moment, nous assimilons, en général, la femme séparée de biens conventionnellement à celle qui l'est judiciairement, après avoir été commune. Quand la séparation de biens fait suite au régime dotal, elle ne produit pas des effets aussi pleins, aussi favorables à l'indépendance pécuniaire de la femme; aussi sa capacité est-elle alors différente, plus grande que selon le droit commun, moindre que sous les autres genres de séparation de biens; elle fera l'objet d'un chapitre ou d'une section spéciale de cette étude. En principe, la femme séparée gère ses biens personnels, mais ne peut aliéner ses immeubles sans autorisation maritale, ce qui est le droit commun de la femme mariée. Sous ce régime seulement (A. 1029), la justice peut autoriser la femme à accepter les fonctions d'exécuteur testamentaire, si le mari ne veut pas accorder son autorisation à cet effet. La première raison est que la mission d'exécuteur testamentaire est une

affaire de convenance, dont le mari semble devoir
être le juge unique, au moins en général, car c'est
une mission délicate; mais de plus, l'exécuteur testamentaire oblige l'universalité de ses biens. Or, la
femme non séparée ne pourrait, avec la seule autorisation de justice, présenter pour garantie de sa gestion
qu'une partie de sa fortune, et les héritiers ne pourraient avoir pour gage : sous le régime de communauté,
les biens versés dans la communauté et l'usufruit des
propres de la femme ; sous le régime exclusif de communauté, l'usufruit de tous les biens de la femme;
sous le régime dotal, l'usufruit des biens dotaux aliénables et la propriété des biens dotaux inaliénables.
Avec l'autorisation du mari, tout cela, sauf la propriété
des biens dotaux inaliénables, devient la garantie des
héritiers du testateur. Voilà pourquoi la femme séparée seule, avec autorisation de justice, peut accepter
les fonctions d'exécuteur testamentaire, malgré le
mari, dont l'intérêt n'est pas en jeu puisque, sous
ce régime, il n'obtient la propriété, la jouissance,
l'administration d'aucun des biens de sa femme.

*Capacité de la femme séparée quant aux actes d'ad-
ministration.* — L'article 1449 soustrait la femme séparée à l'incapacité de droit commun de toute femme
mariée. Elle est investie de l'administration de sa fortune personnelle, et si on lui imposait l'obligation de
demander l'autorisation de son mari ou de justice pour
tous les actes de son administration, ce serait rendre
ce droit illusoire. Il faut donc ici faire une distinction
très marquée entre les actes d'administration et ceux
de disposition. Voici quelle est au juste la capacité de
la femme séparée de biens pour l'administration de
son patrimoine. Elle en a la libre administration, c'est-
à-dire que seule, sans autorisation, elle peut faire tous
les actes d'administration. Le mot libre, employé
ici par le texte de la loi, est tout-à-fait original. La
loi ne l'emploie pas ailleurs : elle parle seulement

d'administration, sans ajouter aucune épithète ou même en ajoutant l'épithète restrictive de pure. Ici les pouvoirs de la femme séparée, pour l'administration de sa fortune personnelle, doivent être interprétés largement. Elle peut donc faire seule, sans autorisation, tout ce qu'on entend généralement par actes d'administration. En voici des exemples : percevoir les fruits de ses biens en nature, faire les contrats nécessaires pour l'entretien et la réparation de ses immeubles, user et jouir comme elle l'entend de ses revenus, consentir des baux de moins de neuf ans, toucher ses loyers et fermages, en donner quittance, recevoir payement de ses créances mobilières et en donner quittance, vendre ses récoltes et en toucher le prix, même, sauf le cas où elle serait mineure, donner mainlevée de l'hypothèque qui garantissait la créance qu'on lui paie, poursuivre le remboursement de ses capitaux, recevoir le remboursement même de ses rentes, en donner valable décharge, céder et transporter ses créances ; elle peut faire au comptant, mais non à crédit (car alors elle contracterait une obligation personnelle), tous placements de capitaux qu'elle jugera convenables, soit en rentes sur l'État, soit sur particuliers, avec ou sans hypothèques, soit en actions ou obligations de compagnies industrielles ou de finance. Elle peut faire ces placements soit avec les économies des revenus de ses biens, soit avec les deniers provenant de la rentrée de ses créances ; elle peut faire cet emploi en rente viagère ou en acquisitions d'usufruits ou d'immeubles (1) ; elle peut convertir

(1) Mais elle n'est point capable, d'après un arrêt, sans autorisation du mari, d'acquérir un immeuble en remploi de deniers dotaux, si le remploi est prescrit par le contrat de mariage. Agen, 9 novembre 1881; S. 1882, 2, 233. — Voir au-dessous une note de M. Labbé où il s'élève contre cette jurisprudence nouvelle : « Car, dit-il, la loi permet à la femme séparée de disposer de son actif mobilier; or, en dehors des actes d'administration, que peut être une disposition du mobilier, si ce n'est le placement d'un capital, et comment placer un capital sans acquérir? »

des titres nominatifs en titres au porteur et réciproquement, malgré controverse. Bref, la femme séparée de biens peut user et jouir de son patrimoine comme elle l'entend, et faire de ses revenus l'emploi qu'elle juge convenable. sans être assujettie à aucune autorisation, à aucune formalité. Ce principe, malgré sa généralité, souffre au moins trois exceptions, parce que l'on considère certains actes d'administration comme étant en réalité des actes de disposition.

Première exception. — On se demande si la femme séparée de biens peut faire des baux même au-dessus de neuf ans. Pour l'affirmative on dit : Un administrateur ne peut faire des baux au-dessus de neuf ans, quand il administre la fortune d'autrui, comme le tuteur, le mari ou l'usufruitier, ou bien encore quand c'est un mineur émancipé. La femme séparée de biens ne saurait être assimilée aux trois premiers, ni même au quatrième ; celui-là n'a que la pure administration de son patrimoine ; la femme séparée en a la libre administration, donc elle a le droit de faire des baux d'une durée quelconque, pourvu que ce soient des actes d'administration. Question de fait que les tribunaux apprécieront d'une manière souveraine. En pratique on admet la négative, et c'est l'opinion la plus sûre, sinon la plus juridique ; pour les baux au-dessus de neuf ans, il faut donc à la femme même séparée l'autorisation de son mari ; on dit, en effet: le bail qui excède une durée de neuf ans devient une sorte d'acte de disposition ; donc il ne saurait être permis à la femme sans une autorisation. Il faut ajouter un argument d'une grande force dans le sens de la limitation, s'il s'agit d'une femme séparée de biens judiciairement, c'est qu'il faut garantir les intérêts du mari pour le cas où la communauté serait rétablie.

Deuxième exception. — La femme séparée de biens ne peut plaider sans l'autorisation de son mari même pour ce qui concerne son administration. L'argument de texte résultant de l'article 215 est formel. Cette décision est contraire à la solution donnée par l'ancien droit sur ce point (1) et semble en contradiction avec le principe posé par l'article 1449. Le mineur émancipé en vertu de l'article 482 peut intenter une action seul, sans l'assistance de son curateur, pour tout ce qui concerne les actes d'administration ; il n'y a que pour intenter les actions immobilières ou y défendre qu'il ait besoin de cette assistance. Voici la raison qui a inspiré la prohibition absolue renfermée dans l'article 215 : les procès ne sont pas des actes de tous les jours, et la libre administration par la femme de sa fortune personnelle ne sera pas sérieusement entravée si, dans ce cas, on exige qu'elle soit autorisée ; si elle pouvait plaider sans autorisation, ce serait peut-être une occasion de trouble dans le ménage. Du reste la justice peut ici suppléer le mari.

Troisième exception. — La femme séparée peut transiger dans la mesure de son droit d'administrer et d'aliéner, mais non pas compromettre même dans cette mesure restreinte, car compromettre c'est en quelque sorte plaider ; mais elle peut acquiescer à un jugement et renoncer par suite à interjeter appel (2).

Capacité de la femme séparée de biens, quant aux actes de disposition. — On n'applique pas à la femme séparée de biens le droit commun de la femme mariée sur ce point : il semble nécessaire d'atténuer à son profit son incapacité générale, et à ce propos la loi fait une distinction importante (A. 1449). L'aliénation

(1) Art. 224 de la coutume de Paris rapporté par Lebrun *(Droits de la communauté. De l'autorisation du mari.* Livre II, chapitre I, section 1, paragraphe 12), et combattu par lui. D'après la coutume la femme séparée en plaidant est toujours sous l'inspection des juges, et partant elle peut agir et se défendre même en des causes où il est question de ses immeubles, si toutefois elle est majeure ; car si elle est mineure, elle a besoin de l'assistance d'un curateur.

(2) Cass. 14 mai 1884. S. 1885. 1, 61.

des meubles est permise et peut être faite valablement
par la femme séparée sans autorisation, qu'il s'agisse
de meubles corporels, tels que bijoux, argenterie,
tableaux, meubles meublants, ou de meubles incorporels, tels que rentes, actions, obligations, créances
mobilières ; de même, seront permises et valables les
transactions de la femme sur les contestations relatives à ses meubles et le partage qu'elle fera à l'amiable
seule, sans autorisation, d'une succession purement
mobilière. Les rédacteurs du Code civil ont été inspirés à cet égard par la vieille maxime, si fausse aujour-
d'hui, dans le domaine de l'économie politique. *Vilis
mobilium possessio.* Au contraire, l'aliénation des immeubles est interdite à la femme sans autorisation.
Aussitôt voici une difficulté sérieuse qui surgit. L'article 1449 est en conflit avec l'article 217, auquel il
semble vouloir déroger en vertu de la maxime *Spe-
cialia generalibus derogant.* Dans quelle mesure y
a-t-il moyen de concilier les deux articles ? Voici un
premier point sur lequel tout le monde est d'accord.
La femme, même séparée de biens, ne peut, sans
l'autorisation de son mari, aliéner son mobilier à titre
gratuit : donc ici, l'article 217 reste intact, car il dit
donner et aliéner, et l'article 1449 ne parle pas d'autre chose que d'aliéner et de disposer, expression peu
claire qu'il faut cependant interpréter comme s'il y
avait « disposer de son mobilier, en l'aliénant à titre
onéreux. » De plus, l'article 905 défend à la femme
de faire des libéralités entre vifs, sans autorisation
du mari, et cela d'une manière générale, absolue.
Donc, les articles 217 et 905 l'emportent ici sur le
vague de l'article 1449. Donc, si la femme séparée
peut disposer de son mobilier à titre onéreux, par
exemple le vendre, l'échanger, le donner en payement de ses dettes, elle ne peut également en disposer par donation entre vifs. La capacité qu'elle a d'en
disposer à titre onéreux est une conséquence de ses

pouvoirs d'administration, mais ce serait sortir des limites de cette administration, que de permettre à la femme de disposer de son mobilier à titre gratuit, par donation entre vifs ; au contraire, l'aliénation du mobilier à titre onéreux doit être toujours possible à la femme, si on ne veut pas entraver son droit de libre administration ou tendre un piège aux tiers qui traiteraient avec elle dans ces conditions.

Il y a un deuxième point difficile, touchant les aliénations du mobilier, même à titre onéreux, faites par la femme séparée de biens. Faut-il interpétrer l'article 1449 de la manière suivante ? Les aliénations de mobilier, même à titre onéreux, ne sont permises à la femme séparée, sans l'autorisation de son mari, que si ces aliénations constituent des actes d'administration. Ainsi interprété, notamment par Troplong (1), l'article 1449 se concilie fort bien avec l'article 217, mais faut-il l'interpréter ainsi ? Cette restriction conduit à rendre l'administration, qualifiée par la loi de libre, fort difficile à la femme gérant sa fortune personnelle ; car il n'est pas aisé de savoir si telle ou telle aliénation du mobilier est oui ou non un acte d'administration. Donc cette interprétation n'est pas admissible. Elle serait trop préjudiciable aux tiers acquéreurs, exposés à se méprendre sur le véritable caractère de l'aliénation mobilière à eux consentie. Il est vrai que, dans bien des cas, en ce qui touche au moins les meubles corporels, les tiers seraient protégés par la maxime de l'article 2279 : « En fait de meubles, possession vaut titre », qui établit à leur profit une sorte de prescription instantanée.

On ne peut pas davantage et pour la même raison admettre l'interprétation qui consisterait à dire : La femme séparée ne peut s'obliger sur son mobilier que pour les actes d'administration. L'article 1449, à tort

(1) Troplong. *Du contrat de mariage*, tome 2, Nos 1410 à 1420.

ou à raison, considère tous les actes de la femme portant sur le mobilier, comme des actes de libre administration : donc, elle n'a pas besoin d'autorisation pour disposer de son mobilier à titre onéreux, et pour s'obliger de manière à ce que ses engagements soient exécutoires sur lui. L'article 1449, 1er paragraphe, laissant à la femme séparée le pouvoir illimité de faire les actes d'administration, lui laisse par cela même le pouvoir d'attacher à ces actes toute l'étendue des effets ordinaires de sanction, aux termes de l'art. 2092. Les tiers acquéreurs du mobilier n'ont pas à se préoccuper de savoir si la femme, aliénant une valeur mobilière, fait ou non un acte d'administration ; ce serait une charge trop pénible pour eux, et s'il en était autrement, ils n'oseraient traiter avec la femme, car ils ne seraient en sécurité que si l'aliénation en question avait été faite dans les limites de l'administration, ou, s'il s'agissait d'un meuble corporel, en vertu de l'article 2279. Cela reviendrait, en dernière analyse, à exiger dans bien des cas l'autorisation du mari, qui pourrait mettre à prix le consentement demandé. Donc, quand la femme aliène une valeur mobilière, qu'elle agisse ou non dans les limites de ses pouvoirs de libre administration, les tiers, en vertu de cette présomption *juris et de jure*, sont toujours en sécurité quand ils traitent avec elle. Voilà le véritable sens de l'article 1449. On ne prévoyait pas, quand on l'a rédigé, l'excessif développement de la fortune mobilière, et c'est l'explication de ce qu'il peut y avoir d'exorbitant dans l'interprétation que nous avons donnée du sens de cet article. La jurisprudence s'est montrée indécise sur ce point, inclinant tantôt dans le sens de la validité absolue de toute aliénation mobilière, tantôt dans le sens de la validité de l'aliénation seulement quand elle rentre dans les limites d'une libre ou sage administration. Par exemple, la femme séparée de

— 74 —

biens veut vendre un titre de rente sur l'État (1) : elle
demande l'autorisation à la justice, qui la refuse en
disant que la femme séparée peut aliéner valablement
son mobilier sans avoir besoin d'aucune autorisation.
Il y a des décisions en sens contraire (2). Quand les
valeurs mobilières de la femme consistent en titres au
porteur, pas de difficulté pour la femme qui veut les
aliéner : donc la femme tentera de convertir ses titres
nominatifs en titres au porteur. Est-ce possible? Pour
les rentes sur l'État, non ! car il faut pour cela avoir
la pleine et entière disposition de sa propriété. Pour
les autres valeurs : par exemple, pour les actions et
obligations nominatives des chemins de fer et de compagnies financières ou industrielles, la femme a-t-elle
besoin d'une autorisation quand elle veut les convertir? Oui, disent les Compagnies ; sans doute, convertir
n'est pas aliéner, mais c'est préparer l'aliénation.
Prouvez-nous que vous avez la pleine et entière disposition de votre titre. La jurisprudence (3) a décidé,
malgré la force de ces raisons, que la conversion de
valeurs nominatives en titres au porteur ne peut pas
être traitée comme un acte de disposition : donc elle
conclut que la femme séparée peut y procéder sans
autorisation. Aujourd'hui, après la loi du 27 février
1880, sur l'aliénation des valeurs mobilières appartenant aux mineurs, les juges ne pourraient plus éluder
la question par ce subterfuge qui consiste à dire ce qui
suit: La conversion n'est pas une aliénation; car, même
aux yeux de la loi, c'est désormais le contraire qui est
le vrai ; c'est donc à tort que l'article 1449 considère
toute aliénation à titre onéreux du mobilier comme
un acte d'administration ; c'est à tort que la femme

(1) Trib. de la Seine, 9 juillet 1872, S. 72, 2, 208.
(2) C. de C., 30 décembre 1862, S. 63, 1, 257.
(3) C. de Paris, 4 mai 1875, S. 75, 2, 336. — C. de Cass. 13 juin
1876, S. 76, 1, 344.

peut, d'après la jurisprudence, procéder à ces aliénations valablement, sans aucune autorisation. Il est,
d'ailleurs, bien entendu et point contesté que la femme
ne pourra jamais disposer librement de tout ou partie
de son mobilier à titre gratuit, sauf dans une mesure
excessivement restreinte en guise de cadeaux et présents d'usage ; car, au-delà, une donation ne saurait
jamais être considérée comme rentrant dans le cadre
des actes d'une administration même qualifiée libre
par la loi.

Reste une troisième difficulté à résoudre, celle de
savoir si la femme séparée de biens peut s'obliger
par voie d'emprunt, achat ou autrement, seule et sans
autorisation, de manière à ce que son obligation
s'exécute par la vente, c'est-à-dire par l'aliénation de
son mobilier. Jadis la jurisprudence résolvait la question d'une façon affirmative (1). Puisque la femme
séparée de biens peut aliéner son mobilier à titre
onéreux en tout état de cause, même en dehors des
limites de son droit de libre administration, elle peut
s'obliger sur son mobilier, ce n'est là qu'une aliénation indirecte. Ce raisonnement n'est pas exact : aussi
la jurisprudence (2) tenta d'établir qu'en général la
femme n'est pas frappée de l'incapacité directe de
s'obliger, que cette incapacité ne peut être établie que
comme une conséquence et une déduction de l'incapacité d'aliéner ; donc, si l'incapacité d'aliéner le mobilier à titre onéreux disparaît, du même coup doit disparaître celle de s'obliger sur le mobilier. Ce raisonnement n'est pas exact non plus, et il y a des arrêts ré-
cents en sens contraire (3). L'incapacité de s'obliger
est distincte de celle d'aliéner. L'une n'est pas la cause

(1) Arrêt de Cassation du 18 mai 1819, S. 1819, 1, 75, vivement
critiqué par M. Troplong. *Du contrat de mariage*, T. 2, N° 1411.

(2) Besançon, 31 janvier 1827. Dalloz 1827, 2, 136.

(3) Tribunal de la Seine, 15 avril 1878. — Paris, 20 février 1880.
— Cass., 25 avril 1882. S. 1883, 1, 221.

de l'autre : par conséquent l'une peut disparaître sans l'autre. L'article 217 est complété par les articles 220 et 1427 qui ne parlent pas pour la femme mariée de la capacité de s'obliger. *A contrario* de l'article 220 on peut dire que la femme non marchande publique ne peut s'obliger valablement seule et sans autorisation. On tirera la même conclusion *a fortiori* de l'article 1427. Il faut donc arriver à la conclusion suivante : Les obligations contractées par la femme séparée de biens sans autorisation pour l'administration de son patrimoine sont valables et s'exécuteront sur son mobilier, sur les revenus de ses immeubles et sur ses immeubles eux-mêmes, en vertu du principe général de l'A. 2092 du Code civil, comme nous le verrons plus bas avec plus de détails. Les obligations de la femme qui n'auront pas été contractées pour l'administration de sa fortune personnelle ne sont pas valables et ne s'exécuteront pas même sur son mobilier ni sur les revenus de ses immeubles. Tandis que la femme peut aliéner directement et instantanément son mobilier, sauf par donation, elle ne peut l'aliéner indirectement *in futurum* par des actes qui dépassent l'administration. Cette règle est raisonnable : la femme n'aliènera directement qu'à bon escient ; elle pourrait aliéner indirectement d'une façon inconsidérée, et c'est contre elle-même que la loi la protège. Ainsi la loi prohibe avec plus de sévérité ce qu'elle suppose que la femme fera plus aisément, et elle protège la paix du ménage plus énergiquement contre l'aliénation indirecte que contre la directe. Il n'y a pas de *criterium* infaillible pour distinguer les actes d'administration des actes de disposition : c'est là une question de fait que les tribunaux apprécieront souverainement : la série des actes d'administration n'est pas indéfinie. Quand la femme séparée de biens s'engage seule, sans autorisation, il est facile de voir si elle s'engage oui ou non à propos de l'administration de ses biens. Les tiers

peuvent reconnaître aisément si une obligation est
prise dans les limites des pouvoirs d'administration
que possède la femme séparée ; mais au contraire ils
auraient de la peine à distinguer si une aliénation mobilière est faite dans les mêmes limites. Voilà pourquoi l'aliénation mobilière faite par la femme séparée
est toujours valable sans distinction, et l'obligation
prise par cette même femme n'est valable et exécutoire même sur les meubles que dans les limites de sa
libre administration (1). Au reste, peu importe que
cette administration soit sage ou non, malgré MM. Aubry et Rau, à leur tome IV, paragraphe 335, puisqu'elle
est libre. Il y a aussi dans ce sens un argument par
analogie à tirer de la tutelle : les tuteurs dans les
limites de leurs pouvoirs font des actes inattaquables;
a fortiori la femme séparée qui administre non les
biens d'autrui, mais les siens propres. Si le tiers avec
qui la femme veut traiter a des doutes sur le point de
savoir si l'acte projeté rentre dans les limites de l'administration qui appartient à la femme, par exemple
un emprunt, ou bien encore un achat pour placer des
sommes provenant des économies de la femme ou du
recouvrement qu'elle a fait de créances lui appartenant, il demandera, s'il est prudent, l'autorisation du
mari ou de justice; cela n'entravera pas sérieusement
la libre administration de la femme, car ce ne sont
pas là des actes quotidiens et urgents, et ils gagnent
même à être l'objet d'une volonté réfléchie.

En résumé, nous dirons : la femme même séparée
est incapable : 1° de s'obliger par contrat au delà des
limites de l'administration, même sur son mobilier ;
2° d'aliéner un sien meuble à titre gratuit ; 3° d'accepter
une succession quelconque ; 4° de répudier une succession immobilière en tout ou en partie. Mais elle

(1) Bordeaux, 22 février 1878. S. 1879, 2, 293. — Besançon,
5 avril 1879. S. 1880, 2, 101.

peut, sans autorisation aucune, répudier une succes-
cession purement mobilière puisqu'elle peut dans tous
les cas valablement aliéner sans autorisation son mobilier.

Il reste à voir quelle sera la capacité de la femme
séparée de biens quant à la disposition de ses immeubles. Le principe est certain : la femme séparée ne
peut, sans autorisation spéciale et non générale de
son mari ou de justice, disposer de ses immeubles à
titre gratuit ou onéreux, les grever d'usufruit, de servitudes, ni d'hypothèques. C'est le droit commun de la
femme mariée. Cette règle ne s'oppose pas à certaines
aliénations qui ne sont pas le fait de la femme. Par
exemple : 1° tous les biens personnels de la femme
peuvent être saisis par un de ses créanciers sans autorisation du mari et l'adjudication avoir lieu sans cette
autorisation ; 2° de même ces biens peuvent être aliénés à la suite d'indivision et par licitation, sans autorisation maritale ; 3° enfin la femme peut être expropriée
pour cause d'utilité publique sans autorisation, car ici
l'aliénation est une nécessité inéluctable ; 4° même en
vertu des articles 13 et 25 de la loi du 3 mai 1841, les
représentants des incapables et notamment de la
femme mariée ont des pouvoirs exceptionnels pour
consentir à la cession amiable qui, leur permettant
d'accepter les offres de l'administration, évite la nécessité de recourir à un jugement d'expropriation.
Sous le régime de séparation de biens ces règles
ne s'appliquent pas ; le droit commun de la femme
mariée sous ce régime suffit pour régler la question ;
il faut à la femme l'autorisation du mari ou de justice
pour consentir à cette cession amiable, mais elle
pourra, sans cette autorisation, accepter les offres de
l'administration une fois le jugement d'expropriation
qui la dépouille de la propriété, définitivement rendu,
car c'est un acte d'administration. Voilà dans quelle
mesure l'aliénation des immeubles de la femme séparée

peut avoir lieu sans autorisation, mais aussitôt se présente une difficulté : on se demande si les obligations de la femme séparée, contractées dans les limites de ses pouvoirs de libre administration, et qui seraient certainement exécutoires sur son mobilier, le seront aussi sur ses immeubles ; en un mot, si l'aliénation indirecte de ses immeubles lui est aussi interdite que l'aliénation directe. On peut soutenir la négative en disant que cette aliénation indirecte tombe sous le coup de l'article 1449, qui ne distingue pas, en ajoutant que la loi donne des exemples de situations analogues, où la défense d'aliéner directement implique celle d'aliéner indirectement. Ces raisons ne sont pas valables. Les créanciers de la femme séparée qui s'est obligée dans la limite de ses pouvoirs de libre administration, ont la faculté de la poursuivre non-seulement sur son mobilier, mais sur ses immeubles; car son obligation a été régulièrement et valablement contractée. En vertu de l'article 2092, les créanciers tiennent leur gage de la loi et non de leur débiteur, la femme séparée. Dès qu'une obligation est valable, le créancier peut poursuivre le débiteur sur tous ses biens, même immeubles, à moins qu'ils ne soient frappés de dotalité. Le pouvoir de s'obliger appartient à la femme séparée parce qu'elle a le pouvoir d'administrer, et non parce qu'elle a le pouvoir d'aliéner ; autrement, dans notre cas, ne pouvant aliéner ses immeubles sans autorisation, elle ne pourrait s'obliger sur eux sans cette même autorisation; or, elle le peut. Qui s'oblige, oblige le sien. Mais la femme ne pourrait sans autorisation hypothéquer ses immeubles pour la garantie des obligations valablement par elle contractées pour cause d'administration, car hypothéquer c'est aliéner et non pas administrer. Pour défendre l'opinion ci-avant exposée, on tire un argument d'analogie de l'article 457, relatif aux tuteurs, administrateurs de la fortune d'autrui : sans doute, ils n'ont pas le droit d'aliéner à eux seuls, sans autorisation et formalités diverses, certains biens du pupille, et cependant ils peuvent contracter pour le compte de leur pupille des obligations donnant au créancier le droit de poursuivre leur payement, même sur les biens qui n'auraient pu être aliénés directement. *A fortiori*, doit-il en être ainsi de la femme qui administre, non pas la fortune d'autrui, mais la sienne propre.

Nous arrivons par là à une triple conclusion, qui résume la capacité de la femme séparée de biens : 1° elle peut s'obliger pleinement, c'est-à-dire sur tous ses biens indistinctement par les engagements pris dans les limites de son droit de libre administration, mais en dehors point du tout, même sur son mobilier ; 2° elle ne peut jamais aliéner directement ses immeubles sans autorisation, mais bien ses meubles, sans exception ; 3° elle ne peut s'obliger même sur ses meubles que par des engagements pris dans les limites de ses pouvoirs de libre administration et point du tout en dehors ; d'ailleurs, les actes de cette sorte sont annulables. Le motif de la distinction est que l'aliénation directe des meubles toujours permise, est moins dangereuse que l'obligation dans des conditions irrégulières, toujours prohibée ; en effet, ne devant conduire qu'à un dessaisissement futur et éloigné, elle pourrait être contractée à la légère, au lieu qu'on ne se dépouille pas instantanément sans motifs et surtout sans compensation.

Responsabililé de ceux qui autorisent la femme séparée de biens. — L'autorisation donnée par justice ne soumet le Tribunal à aucune responsabilité envers la femme, sauf les cas particuliers de prise à partie. Il en est de même de l'autorisation donnée à la femme par le mari, qui est irresponsable des suites de son autorisation. Cette autorisation peut servir ou nuire au mari, lui nuire si la diminution du capital produite par l'acte de la femme autorisée entraîne une diminution corrélative de la part contributoire de la femme dans le ménage ; lui servir si cette part est au contraire augmentée grâce à l'augmentation du capital produite par l'acte autorisé ; mais en aucun cas, la responsabilité du Tribunal n'est engagée pas plus envers le mari qu'envers la femme. Les actes de la femme séparée ne produisent pas des conséquences directes à l'égard du mari, ne l'obligent ni envers elle, ni envers les tiers avec qui elle a traité; les actes de la femme séparée de biens n'obligent qu'elle et ses héritiers. La réciproque n'est point vraie. Le mari n'administre pas les biens de la femme séparée, et cependant il est parfois responsable à son égard, quoique la femme conserve la libre administration de son patrimoine, le droit d'employer ses capitaux et ses revenus comme elle l'entend. Ainsi le mari est tenu à l'égard de sa femme du défaut d'emploi ou de remploi du prix de la vente d'un immeuble de sa femme; et cela, dit-on, pour deux raisons : 1° d'abord on soupçonne le mari de s'être approprié le prix s'il n'en a pas effectué le remploi; 2° on dit encore que le mari conserve, même sous ce régime, une influence considérable sur la personne de la femme, et par conséquent il doit être responsable dans une certaine mesure de la façon dont elle dirige sa fortune personnelle, même quand elle peut se passer de son autorisation. Si cette deuxième raison était bonne, elle devrait élargir l'étendue de la responsabilité du mari, l'engager non pas seulement au cas de défaut de remploi, mais de mauvais remploi, ce qui n'est pas admissible à cause de l'indépendance administrative dont la femme jouit sous ce régime (1) : donc la raison n'est pas bonne ; l'article 1450 est formel sur ce point. Que le mari autorise ou n'ait pas besoin d'autoriser sa femme séparée de biens, il n'est respon-

(1) Cassation, 24 juillet 1884, S. 1885, 1, 156.

6*

sable à son égard que par exception et point du tout en règle générale. Pour savoir l'étendue de la responsabilité du mari à l'égard de la femme, il faut distinguer deux cas. La femme a aliéné un immeuble : 1° avec l'autorisation de justice ; 2° avec l'autorisation du mari. Dans le premier cas, le mari n'est pas responsable, sauf dans trois hypothèses : 1° s'il concourt au contrat ; 2° si les deniers sont reçus par lui, soit au moment de la passation du contrat, soit postérieurement, quand a lieu la numération des deniers et qu'on en délivre quittance ; 3° si les deniers ont tourné à son profit.

La première de ces hypothèses a quelque chose d'insolite aux termes de l'article 217. Le concours du mari au contrat semble devoir être équivalent à une autorisation tacite ; mais ce que la loi a prévu, c'est le cas où le mari, en concourant à l'acte, déclarerait que ce concours n'implique pas autorisation de sa part, bien que la justice eût déjà donné la sienne. Le mari, dans ce cas, est justement soupçonné d'avoir voulu dissimuler sa participation à l'acte et par là échapper à la responsabilité qui en découle, d'avoir détourné à son profit les deniers de sa femme et, par conséquent, il en est rendu responsable à juste titre.

Dans le deuxième cas, celui du mari autorisant sa femme à aliéner un de ses immeubles, on soupçonne que la vente a été faite pour procurer de l'argent au mari, et alors on lui impose de veiller au remploi du prix de cet immeuble ; le mari en est responsable à deux conditions : 1° que la vente soit faite en sa présence ; 2° de son consentement. Une seule condition ne suffirait pas, malgré M. Colmet de Santerre (1), qui n'exige que l'une ou l'autre, voyant dans le premier terme un consentement tacite, un concours à l'acte, et dans le deuxième, un consentement exprès.

(1) COLMET DE SANTERRE, *Cours analytique de Code civil*, 6° vol., N° 102 *bis*, II et III.

Pour échapper à la présomption de la loi, le mari devra établir que malgré son consentement exprès ou tacite, malgré son concours à l'acte, c'est la femme qui a reçu les deniers et qui en a disposé. M. Colmet de Santerre voit là une présomption *juris et de jure,* il admet que le mari, dans cette hypothèse, est toujours responsable, sans lui permettre de prouver que le prix de la vente d'un immeuble de la femme à laquelle il a consenti ne lui a pas profité. D'ailleurs, le mari n'est pas garant de l'utilité de l'emploi fait par la femme, puisque c'est elle qui est maîtresse d'administrer sa fortune personnelle à sa guise, à moins cependant qu'elle n'ait fait l'emploi de ses deniers au profit de son mari. Si la femme a employé ou remployé autrement qu'au profit du mari le prix qu'elle a touché, peu importe que ce soit bien ou mal ; le mari n'en est pas responsable, puisqu'il est clair qu'il ne s'en est pas emparé. Ainsi donc, que le mari refuse d'autoriser, autorise quand l'autorisation est nécessaire, n'autorise pas quand on peut se passer de lui, il n'est responsable envers sa femme que si les actes de celle-ci ont tourné de quelque façon à son profit : on ne peut lui demander des comptes pour la façon dont il a cru devoir user de la puissance maritale. Par exemple, la femme séparée de biens habilitée par son mari à faire le commerce n'oblige en aucun cas le mari, sauf l'exception ci-dessus ; car le mari ne profite en rien pour lui-même des bénéfices réalisés par sa femme dans le commerce. 1° En fait, il arrive fort souvent que le mari administre la fortune personnelle de la femme même sous le régime de séparation de biens, en vertu d'un mandat tacite ou exprès avec ou sans dispense de rendre compte. Dans ce dernier cas, il ne doit restituer à sa femme, quand arrivera la cessation de son administration, soit par la dissolution du mariage, soit sur la demande de sa femme révoquant le mandat donné pendant le mariage, que les fruits existants, sans que la femme puisse prouver que les fruits consommés ont été mal employés ; elle n'avait qu'à révoquer plus tôt le mandat imprudemment donné : si elle ne l'a pas fait, il y a présomption *juris* et *de jure* que ces fruits ont été bien employés, c'est-à-dire ont servi à subvenir aux dépenses du ménage. 2° Si le mari a administré le patrimoine de la femme à charge d'en rendre compte, il sera tenu de le faire selon le droit commun du mandat, sauf à déduire de ce qu'il doit restituer la somme annuelle que la femme devait lui fournir à titre de pension pour subvenir aux besoins du ménage. 3° Même étendue de responsabilité et même distinction si le mari a administré la fortune personnelle de sa femme, malgré son opposition (1). Dans les trois cas, c'est au mari à subir les charges des fruits, puisqu'il en recueille les avantages. Il s'élève une difficulté dans le premier cas, celui où le mari a admininistré en vertu d'un mandat tacite ou même exprès, mais avec dispense de rendre compte. Si le mari a fait des économies avec les revenus des biens dont sa femme lui a laissé l'administration et la jouissance, faut-il considérer ces revenus comme des fruits consommés et non encore existants, par conséquent comme non restituables à la cessation de jouissance ? Oui et pour plusieurs raisons. Il est difficile de savoir sur quels biens précisément ces économies ont pu être faites. Aucun texte ne permet de partager les économies ainsi faites par le mari proportionnellement aux revenus propres de chaque époux. Enfin et surtout, le mari, ayant reçu l'administration des biens personnels de la femme sans condition de rendre compte, a pu faire des revenus tel emploi que bon lui semblait après après avoir satisfait aux dépenses du ménage, et par conséquent la femme n'a rien à lui réclamer.

(1) C. de Cass., le 31 mars 1879. S. 1880, 1, 425. — Loi 8 Code *de pactis conventis*. 5, 14.

Dans quelle mesure la femme séparée de biens doit contribuer aux dépenses du ménage. — En vertu de l'article 1537, quand il n'existe pas de convention à ce sujet, la femme séparée de biens conventionnellement doit contribuer à payer les charges du ménage pour le tiers de ses revenus (1). Dans l'ancien droit, à défaut de convention expresse ou d'entente amiable entre les époux, la contribution de la femme était fixée par la justice, eu égard à ses facultés, comme cela se pratique encore aujourd'hui en cas de séparation de biens judiciaire. Il est assez difficile de justifier l'article 1537. Pourquoi le mari doit-il contribuer aux dépenses du ménage pour une plus forte part que la femme ? Parce qu'il est le chef du ménage, dit-on, parce qu'il a des revenus provenant de son travail indépendamment des revenus de ses biens, et qu'il règle l'emploi de ce que sa femme apporte. Ce sont là des raisons insuffisantes. Sauf convention contraire, la contribution de chacun devrait être égale, ce semble. Il est vrai que si la totalité des revenus du mari jointe au tiers des revenus de la femme ne suffit pas pour l'entretien du ménage, la femme est obligée de fournir le reste, mais c'est en vertu des obligations qui résultent pour elle du mariage et non du régime matrimonial adopté par contrat. Il se pourrait même, en fait, qu'elle fût obligée d'entretenir avec ses seuls revenus et ses enfants et le mari s'il était sans aucune ressource personnelle. Bien plus l'existence d'enfants d'un premier lit du mari, en diminuant ses ressources pour l'entretien du ménage commun, peut indirectement augmenter la part contributoire de la femme. Dans tous les cas, cette contribution doit être versée dans les mains du mari, chef du ménage ; pour que le contraire fût possible, l'autorisation de justice ne

(1) POTHIER, *Traité de la communauté*, N° 464, article IV *De la séparation contractuelle.*

serait peut-être pas suffisante, et il faudrait aller jusqu'à la séparation de biens judiciaire. Quelque opinion
que l'on admette là dessus, l'obligation alimentaire est
un devoir auquel la femme séparée de biens conventionnellement, ne saurait en aucune façon se soustraire,
sauf un tempérament ; elle peut être autorisée par justice à payer elle-même les dépenses du ménage, en
partie ou même en totalité. Voilà quelle est la capacité de la femme séparée de biens, en vertu du contrat
de mariage ; il faut lui assimiler complétement la
femme séparée judiciairement, au moins quand la séparation ne fait pas suite au régime dotal ; car alors
le principe de l'inaliénabilité de la dot semble ne pas
pouvoir disparaître avec le relâchement des liens du
mariage, mais rien qu'avec le mariage lui-même. Il
sera donc intéressant de voir si oui ou non la femme
dotale, une fois séparée de biens judiciairement,
reste incapable dans les mêmes termes que précédemment, relativement à sa dot; mais cet examen ne
peut venir que plus tard, lorsque nous aurons étudié
la capacité de la femme dotale avant la séparation de
biens. La seule différence à noter entre la séparation
de biens conventionnelle et la séparation de biens judiciaire ne faisant pas suite au régime dotal avec dot,
c'est que, dans le premier cas, la capacité de la femme
reste la même, sans modification possible du jour de
la célébration du mariage au jour de sa dissolution
(A. 1395), tandis que, dans le second, la capacité de la
femme change du tout au tout à partir du jugement
définitif qui admet la séparation, et peut être rétablie
telle qu'elle était précédemment par le seul consentement des deux époux (A. 1451).

DEUXIÈME SECTION

Capacité de la femme mariée telle qu'elle résulte des clauses du contrat de mariage permises par les articles 1554, 1549 et 1587, et de nature à la relever d'une partie de son incapacité spéciale ou de droit commun.

Dans tous les régimes matrimoniaux où la jouissance et l'administration des biens de la femme appartiennent en principe au mari, rien n'empêche les époux de convenir dans le contrat de mariage, que la femme touchera elle-même et sur ses propres quittances une partie de ses revenus, dont elle aura ainsi la libre disposition. L'article 1534 est formel à cet égard pour le régime exclusif de communauté, et l'article 1549 de même pour le régime dotal avec dot ou sans paraphernaux. Il faut admettre la même solution pour les régimes de communauté légale ou conventionnelle, en vertu de l'article 1387, qui permet aux époux d'insérer dans leur contrat de mariage toutes les clauses qui ne sont pas contraires à l'ordre public; or, celle-ci ne l'est pas, donc elle est possible et valable, mais cette clause insérée au contrat ne donne pas à la femme l'administration des biens personnels sur lesquels elle touche ces revenus, et c'est toujours le mari qui les administrera et qui touchera l'excédant des revenus de ces biens sur la partie que la femme peut toucher, d'après la clause en question du contrat de mariage. Sans doute on pourrait stipuler le contraire, car ce n'est pas un point d'ordre public, mais alors la femme serait mariée, au moins partiellement, sous le régime de séparation de biens conventionnelle, quant à ces biens dont elle aurait conservé à la fois la jouissance et l'administration. Dans ce cas, elle aurait la faculté de faire, sans l'autorisation du mari, les actes relatifs à l'administration des biens en question et jouirait par rapport à eux de la même capacité que la femme séparée de biens.

Il faut remarquer ici que la liberté des conventions
matrimoniales ne peut aller jusqu'à permettre d'insérer
valablement dans le contrat de mariage une clause
en vertu de laquelle la femme aurait l'administration,
et le mari seulement la jouissance des biens qualifiés
dotaux, si l'on adopte le régime dotal, ou des biens de
la femme en général, si l'on adopte le régime exclusif
de communauté. Ce serait une clause injurieuse pour
le mari, attentatoire à ses droits comme chef, et par
conséquent tombant sous le coup de la prohibition de
l'article 1388. La clause serait nulle n'ayant aucun rapport avec les clauses permises par les deux articles
1534 et 1549. Serait nulle aussi, la clause par laquelle
le mari donnerait à sa femme, séparée de biens,
l'autorisation générale d'aliéner ses immeubles, ou de
s'obliger en dehors des limites d'une libre administration, ou d'ester en justice, que ce fût par contrat de
mariage ou postérieurement. Pareille clause serait
contraire à la fois aux droits du mari comme chef du
ménage et à l'ordre public, et tomberait sous le coup
des prohibitions renfermées dans les articles 1387 et
1388. Pour les mêmes raisons le mari ne pourrait, ni par
une clause du contrat de mariage, ni postérieurement,
donner à sa femme mandat irrévocable d'exercer les
droits d'administration, de jouissance et de disposition
dont il peut jouir, en vertu du régime adopté, sur le
patrimoine personnel de sa femme. Cette abdication
absolue et irrévocable des droits qui lui reviennent,
tombe encore sous le coup de la prohibition des
mêmes articles 1387 et 1388 ; elle est au plus haut
point injurieuse pour le mari: donc elle ne peut sortir
effet et elle doit être réputée nulle. La seule chose que
l'on puisse faire d'après la liberté des conventions
matrimoniales et selon le modèle offert par les articles
1534 et 1549, c'est d'adopter partiellement le régime
de séparation de biens, de telle façon qu'il se juxtapose
à un autre régime. Alors la capacité de la femme est

double, pareille à celle de la femme séparée quant à certains biens, et quant aux autres déterminée par l'autre régime adopté conjointement ; mais il est impossible que les biens de la femme soient soumis indistinctement et à la fois à deux régimes différents; que sur les mêmes biens elle ait tout ensemble la capacité de la femme séparée et une autre capacité contradictoire avec la précédente. Ce serait une confusion inextricable, désavantageuse au mari, à la femme, aux tiers, illogique et partant inadmissible.

TROISIÈME SECTION

Capacité de la femme mariée sous le régime dotal sans dot ou sous le régime dotal avec des biens paraphernaux seulement.

L'incapacité de la femme reste soumise aux règles générales, mais l'adoption du régime dotal apporte à sa situation quelques changements, au moins quand il y a des biens dotaux. Il est nécessaire de donner d'abord une idée générale et sommaire de ce régime très conservateur des biens personnels de la femme. Le régime dotal est une combinaison du régime de séparation de biens et du régime exclusif de communauté : il a cependant un caractère original. Dans ce régime, la femme peut avoir deux catégories de biens : les biens paraphernaux ou extra-dotaux et les biens dotaux. Les biens paraphernaux sont la règle et sont gouvernés d'après les principes de la séparation conventionnelle, si ce n'est que la contribution aux charges du ménage, qui portera sur les biens dotaux, ne porte aucunement sur les paraphernaux, à moins qu'il n'y ait pas d'autres ressources pour subvenir à ces besoins. Les biens dotaux sont l'exception : ce sont ceux que la femme entend consacrer à sa contribution aux charges du ménage, bien qu'elle en garde la propriété. L'usufruit ou quasi-usufruit de ces biens appartient au mari; de plus, le mari a un droit d'administration fort étendu, voisin de celui qui lui revient sous les régimes de communauté ; il peut, notamment, exercer au nom de la femme toutes les actions mobilières ou immobilières, possessoires et pétitoires, relatives à ces biens. Ce mandat, qui est irrévocable, ne peut cesser que par la séparation de biens ; mais le mari et non la justice peut donner mandat à la femme d'exercer valablement à son égard et à celui des tiers tel ou tel acte d'administration qui lui revient en vertu du régime dotal, et pour lesquels il délègue ses pouvoirs à la femme en qualité de mandataire. La conservation des biens dotaux est assurée par l'inaliénabilité et l'imprescriptibilité des immeubles dotaux pendant le mariage. Pour les meubles dotaux, ils ne sont pas aussi garantis, mais leur conservation est, dit-on, assurée, en ce sens au moins que la femme ne peut pas compromettre la créance qu'elle a contre le mari relativement à la restitution de sa dot mobilière, ni les sûretés qui la garantissent. Les charges du ménage sont en principe exclusivement supportées par le mari avec les revenus de la dot de la femme et les siens propres, sauf en cas d'insuffisance de ces resources. Le régime dotal présente un double inconvénient : contrairement à l'intérêt général, il soustrait une certaine catégorie de biens au commerce, à la circulation ; contrairement à l'intérêt privé, si les époux ne sont pas honnêtes, ils peuvent tromper les tiers avec qui ils traitent, même depuis la loi du 10 juillet 1850 sur la publicité du contrat de mariage, si toutefois ces tiers sont négligents *(Jura vigilantibus prosunt)*. Enfin et surtout il aggrave quant aux biens dotaux, au moins quant aux immeubles dotaux, l'incapacité ordinaire de droit commun de la femme mariée ; il est vrai qu'il atténue cette même incapacité, s'il n'y a pas de dot ou même s'il y a des biens paraphernaux à côté des biens dotaux, quant à ces biens extra-dotaux, et voilà comment le régime dotal rentre partiellement dans le cadre de notre étude sur les restrictions à l'incapacité générale de la femme mariée. Le régime dotal s'est maintenu dans le Code civil avec difficulté : dans le projet du code, il n'était présenté que comme une variété du régime exclusif de communauté, et on n'admettait par l'inaliénabilité des immeubles dotaux ; il finit néanmoins par triompher des répugnances du législateur, qui crut devoir condescendre aux vœux des parties de la France où ce régime avait été jusqu'alors pratiqué, sous l'influence des traditions du droit romain. Il semble que ce régime, pour échapper à la critique, dût admettre trois réformes principales : 1° les biens dotaux devraient toujours pouvoir être aliénés à charge de remploi en immeubles, rentes sur l'État, actions de la Banque de France, obligations du Crédit Foncier et des grandes compagnies de chemins de fer français ; 2° les biens dotaux devraient pouvoir être aliénés même sans remploi, mais avec l'autorisation de justice ; 3° avec la même autorisation la femme devrait pouvoir engager le bien dotal et subroger à son hypothèque légale.

Capacité de la femme dotale sans dot. — Supposons une femme mariée sous le régime dotal et n'ayant que des biens paraphernaux, pas de biens dotaux. C'est l'hypothèse que prévoit formellement l'article 1575. Il faut alors appliquer toutes les règles qui déterminent la capacité spéciale de la femme mariée sous le régime de séparation de biens conventionnelle. En un mot, le régime dotal sans dot n'est en fait qu'un régime de séparation de biens conventionnelle : 1° donc la femme dotale sans dot a une capacité complète pour les actes d'administration de son patrimoine, sauf s'il s'agit d'ester en justice ; 2° elle a encore une capacité complète pour l'aliénation à titre onéreux de son mobilier, sans qu'on ait à se préoccuper de savoir si cette aliénation est oui ou non un acte d'administration ; 3° elle est incapable d'aliéner son mobilier à titre gratuit ; 4° elle est aussi absolument incapable d'aliéner directement ses immeubles sans l'autorisation du mari ou de justice ; 5° si elle s'oblige dans les limites très-larges de ses pouvoirs de libre administration, ses obligations sont exécutoires et sur ses meubles et sur ses immeubles ; 6° si elle s'oblige en dehors de ces mêmes limites, ses obligations ne sont pas même exécutoires sur ses meubles. Pour les détails, il faut se reporter aux règles données plus haut sur la capacité de la femme mariée séparée de biens conventionnellement, ou quand la séparation de biens fait suite à tout autre régime qu'au régime dotal avec dot. Une seule question intéressante se présente sur la femme dotale qui n'a que des paraphernaux, celle de savoir s'il n'y a entre elle et la femme séparée de biens conventionnellement absolument aucune différence. Il me semble qu'on ne peut en établir aucune, bien qu'on soutienne le contraire sur un point. En vertu des articles 1395 et 1543 la dot ne peut être constituée ni même augmentée pendant le mariage. Supposons que la femme dotale n'ait que des paraphernaux. Est-ce que l'article 1543 ne devra pas lui être appliqué ? Est-ce qu'un tiers donateur ne pourra pas exiger que le bien par lui donné soit dotal, non en ce sens que les immeubles donnés seront inaliénables, mais en ce sens que le mari en aura la jouissance et l'administration ? Il semble qu'il ne le pourra pas, car, pourrait-on dire, ce serait, contrairement à l'article 1395, modifier pendant le mariage le contrat de mariage et contrairement à l'article 1543 constituer pendant le mariage une dot, alors qu'en vertu du contrat, il est entendu qu'il n'y en a et ne doit y en avoir aucune. Ainsi on modifierait ce contrat, qui doit rester immuable à partir de la célébration du mariage, non-seulement pour augmenter la dot, mais surtout pour la créer de toutes pièces, comme le ferait pareille donation, si l'on en admettait la légitimité.

Cependant il faut admettre, même sous le régime
dotal sans dot, la validité d'une donation faite par un
tiers à la femme sous cette condition, en l'interpré-
tant, si la volónté du donateur n'y est pas contraire,
dans le sens destiné à lui faire produire l'effet voulu.
Le tiers donateur pourra conférer au mari la jouissance et l'administration du bien donné à la femme
dotale, mais il ne peut conférer à ce bien le caractère
de l'inaliénabilité, voilà ce que veut dire l'article 1543.
Donc la clause en question insérée dans la donation
n'a rien de contraire à la loi et à l'ordre public. Sous
tous les régimes matrimoniaux et notamment sous
celui de séparation de biens conventionnelle pareille clause est possible et très-valable. Donc ici *à
fortiori,* quand la femme est dotale sans dot, rien
qu'avec des paraphernaux, le tiers donateur jouit de
la même faculté, et il n'y a pas de ce chef à établir
une différence entre la femme dotale sans dot d'une
part et de l'autre la femme séparée de biens : elles
sont à cet égard sur un pied d'égalité ; en tout et pour
tout leur situation et leur capacité sont semblables.

*Capacité de la femme mariée sous le régime dotal
avec dot, quant aux paraphernaux seulement.* —
Quant aux biens dotaux, la capacité de la femme dotale est celle d'une femme mariée sous le régime
exclusif de communauté, avec cette différence très
sensible que les immeubles dotaux et peut être aussi
les meubles sont inaliénables; mais c'est une opinion
qui ne paraît pas exacte (1). Cela veut dire que la
femme ne peut les aliéner même avec l'autorisation
de son mari, et que ces biens sont imprescriptibles,
du moins les immeubles, jusqu'à la séparation de
biens, d'après une opinion que je ne saurais adopter
malgré l'autorité d'une jurisprudence constante (2),

(1) Nimes, 11 janvier 1882, S. 1882, 2, 137. — C. de Cass. 4 juillet 1881, S. 1882, 1, 212.
(2) C. de Cass. 7 fév. 1881, S. 1882, 1, 22.

ou plutôt jusqu'à la dissolution du mariage. Il faut aller plus loin. Quand on dit que les immeubles dotaux sont inaliénables, cela signifie encore que la femme dotale ne peut pas, même avec l'autorisation du mari, contracter pendant le mariage des obligations susceptibles de s'exécuter sur ces biens, même après la dissolution du mariage, mais rien que sur les biens qui lui adviendraient après la dissolution ou sur les paraphernaux. Sans doute, en principe la femme reste propriétaire de ses biens dotaux, sauf de ceux qui ont été estimés ou qui se consomment *primo usu*, mais le mari en a l'administration et la jouissance jusqu'à la séparation de biens. Aucun texte ne donne au mari le titre de propriétaire et même l'article 1562 l'assimile à un usufruitier. En outre, les articles 1555 et 1556 indiquent bien que la femme est seule propriétaire des biens dotaux comme des paraphernaux puisqu'ils supposent que leur aliénation, dans les cas où elle est permise, vient de la femme dotale et non pas du mari : celui-ci ne figure à l'acte que pour donner son autorisation. Les biens dotaux sont l'exception sous le régime dotal ; les biens paraphernaux sont la règle. En principe, pour les biens paraphernaux la capacité de la femme dotale est celle d'une femme mariée sous le régime de séparation de biens. Voici quels sont les biens paraphernaux de la femme dotale : 1° les biens non déclarés formellement dotaux et qui appartenaient à la femme au moment de la célébration du mariage ; 2° les biens acquis par donation sous condition de paraphernalité, alors même que la femme se serait constitué en dot tous ses biens présents et à venir. Cette condition n'est point du tout contraire à l'ordre public et ne resterait sans effet que dans la mesure de la réserve à laquelle la femme peut avoir droit de la part du susdit donateur dans le cas où ce serait un ascendant. 3° Il faut ajouter les biens acquis pendant le mariage au moyen des économies réalisées sur les revenus des paraphernaux. Peu importe que les acquisitions aient été faites au nom de la femme par elle seule ou conjointement avec son mari (1), qu'elles aient été payées avec ses deniers ou ceux de son mari, mais dans ce dernier cas, elle doit en faire état au mari ou à ses héritiers. En effet la chose appartient à celui qui l'a achetée même avec les deniers d'un tiers. Tous biens paraphernaux meubles et immeubles sont aliénables. S'il a été stipulé qu'ils ne peuvent être aliénés qu'à condition de remploi, ils ne sont certainement pas dotaux pour cela, mais la clause est opposable aux tiers comme sous le régime de communauté, à condition que les tiers soient avertis par une clause formelle du contrat de mariage : s'il en est ainsi, l'immeuble n'en est pas moins valablement aliéné, mais la femme peut réclamer un deuxième payement(2); les payements non suivis de remploi faits par les tiers ne les ont pas libérés à l'égard de la femme. Qui paie mal, paie deux fois. A Rome et dans les pays de droit écrit, sous l'ancien régime, on entendait par paraphernaux les biens dont la femme mariée sous le régime dotal gardait non-seulement l'administration et la jouissance, mais encore la libre disposition à l'exclusion du mari. Il y avait quelque chose d'étrange dans cette situation : pouvoir souverain de la femme sur les paraphernaux d'une part, et de l'autre inaliénabilité absolue des biens dotaux. Aujourd'hui, en vertu de l'article 1575, la capacité de la femme dotale avec dot quant aux paraphernaux est celle de la femme séparée de biens par contrat. Elle conserve, sauf stipulation contraire, la libre administration et la jouissance complète de ses paraphernaux. Les revenus des paraphernaux lui appartiennent en totalité, et elle peut en disposer comme elle l'entend. Sa capacité est entière

(1) Alger, 6 mars 1882. S. 1884, 2, 137.
(2) C. de C., 8 juin 1858, S. 58, 1, 417. — Limoges, 13 juillet 1878, S. 78, 2, 269.

dans ces limites, sauf pour ester en justice et pour ce qui dépasserait le cercle des affaires d'administration. Ainsi elle peut valablement, sans autorisation du mari, recevoir le remboursement de ses créances mobilières, les céder par voie de transfert, vendre ses meubles corporels ou incorporels; on a contesté l'assimilation de la femme séparée de biens et de la femme dotale avec dot, quant aux paraphernaux, pour ce qui concerne l'aliénation des meubles. Malgré controverse, il faut dire que la femme même dotale peut valablement aliéner sans autorisation ses meubles non dotaux. Le deuxième paragraphe de l'article 1576, sur lequel on s'appuie pour le contester, ne fait pas de distinction; il parle seulement de *eo quod plerumque fit*, des biens en général, sans faire une exception pour les meubles, en quoi il est mal rédigé. L'article 1450 doit s'appliquer, en cas de vente des immeubles paraphernaux de la femme dotale, comme lorsqu'il s'agit de la femme séparée de biens (1); il suffit de s'en reporter aux explications déjà données sur cet article. La femme dotale peut s'engager valablement sans l'autorisation de son mari, mais rien que relativement à l'administration de ses paraphernaux. Les engagements qu'elle a valablement contractés sans cette autorisation, sont susceptibles d'être exécutés, non pas seulement sur ses meubles paraphernaux, mais sur tous ses biens paraphernaux indistinctement. Les meubles paraphernaux peuvent être aliénés à titre onéreux, sans autorisation; mais cette autorisation est nécessaire pour leur aliénation à titre gratuit et l'aliénation à titre gratuit aussi bien qu'à titre onéreux des immeubles paraphernaux. Les époux doivent faire constater au moyen d'un état la consistance du mobilier destiné à être paraphernal, que la femme possède au jour de la célébration du mariage, et

(1) Toulouse, 28 juin 1883, S. 1885, 2, 156. — C. de Cass. 25 avril 1882, S. 1882, 1, 441.

celui qui lui échoit pendant le mariage ; autrement,
les créanciers de chacun des époux sont en droit
de faire saisir tout le mobilier; s'il en était autrement,
ils ne pourraient faire saisir le mobilier de leur
débiteur, n'ayant aucun moyen de le distinguer de
celui de l'autre époux. D'ailleurs, le conjoint non débiteur pourra demander la distraction des objets saisis
sur lesquels il établira son droit de propriété. La
femme dotale qui a tout ensemble des biens dotaux et des biens paraphernaux ne doit pas contribuer
à supporter les charges du ménage sur ses biens paraphernaux, à moins que les ressources du mari ne
soient insuffisantes, selon les distinctions marquées à
propos de la femme séparée de biens. Si la femme
dotale n'a que des paraphernaux, elle doit contribuer
à subvenir aux dépenses du ménage pour un tiers
de ses revenus, à moins de clause contraire ou d'insuffisance des ressources du mari, et verser cette
somme entre les mains du mari, à moins d'autorisation
de justice, absolument comme sous le régime de séparation de biens. En fait, sous le régime dotal, comme
sous celui de séparation, il arrive souvent que le mari
administre comme mandataire les biens paraphernaux
de sa femme, et il est à ce titre responsable à son égard,
selon le droit commun du mandat. S'il administre en
vertu d'une procuration régulière, avec obligation de
rendre compte, il faudra qu'il réponde des fruits perçus
le jour où ses pouvoirs cesseront. Si la procuration
était donnée par contrat de mariage, elle serait irrévocable. Si le mari administre les paraphernaux de sa
femme sans opposition de sa part, il y a là mandat tacite ; le mari est réputé avoir employé à l'entretien du
ménage les revenus perçus, la femme n'est pas admise
à prouver que le mari les a employés à son usage personnel. Le mari n'est tenu, comme le serait un usufruitier ordinaire, qu'à la restitution des fruits existants lors de la cessation de jouissance. Seront

7*

considérés comme fruits existants, le prix encore dû des fruits vendus, les loyers et fermages arriérés, aussi bien que les fruits existant encore en nature. Si le mari jouit des paraphernaux qu'il administre malgré l'opposition de la femme, constatée moyennant notification par acte d'huissier ou même rien que par témoins, il est comptable envers elle de tous les fruits tant existants que consommés, même s'il prétend les avoir employés aux besoins du ménage, et même s'il le démontre. Si la femme dotale est commerçante avec l'autorisation de son mari, il faut distinguer deux hypothèses pour savoir dans quelle mesure le mari peut être obligé à la suite des engagements pris par la femme à l'occasion de son commerce. Si la femme n'a point de dot, rien que des paraphernaux, ou si elle ne s'est constitué en dot que ses biens présents, les bénéfices de son commerce sont paraphernaux et le mari n'est pas obligé du tout par les actes de sa femme. Si elle s'est constitué en dot tous ses biens présents et à venir, les bénéfices sont dotaux et le mari en a la jouissance une fois qu'ils sont capitalisés; sa jouissance se borne aux intérêts de ce capital ; on ne peut pas dire ici pas plus que sous le régime exclusif de communauté: le mari perçoit les bénéfices de sa femme commerçante, puisqu'il perçoit les revenus de ses biens en général ; c'est une erreur de considérer les bénéfices du commerce comme des fruits, ce sont des capitaux dont le mari ne doit percevoir que les intérêts et rien de plus. Cela étant, les créanciers de la femme ne pourront pas poursuivre le payement de leurs créances sur le mari autorisant ; ils ne pourront faire saisir que le patrimoine de la femme, et encore pas même ses immeubles dotaux, mais rien que les meubles et les revenus des immeubles, car le mari, en autorisant sa femme à faire le commerce, a par avance et tacitement renoncé à son droit de jouissance au profit des créanciers éventuels de sa femme.

Si on joint au régime dotal par contrat de mariage une clause de communauté d'acquêts conformément à l'article 1581, les uns soutiennent que la femme garde l'administration de ses paraphernaux, mais à charge de remettre au mari chef de la communauté, qui a droit à la jouissance des paraphernaux, le produit de ses économies; la femme conserverait donc sous ce régime mixte l'administration de son patrimoine paraphernal et n'en perdrait que la jouissance, d'après MM. Aubry et Rau (1). D'autres auteurs, parmi lesquels MM. Marcadé (2) et Colmet de Santerre (3), pensent que dans cette hypothèse les immeubles et les meubles de la femme non constitués en dot ne sont pas autre chose que des propres de communauté, selon les articles 1498 et 1499, auxquels renvoie l'article 1581. D'après ces articles, le mari chef de la communauté d'acquêts aurait non-seulement la jouissance, mais l'administration des paraphernaux de sa femme, qui ne sont en réalité que des propres de communautés à cet égard ; d'autre part, ces biens, dont la jouissance et l'administration appartiennent au mari dans l'intérêt de la communauté d'acquêts, restent paraphernaux sous les autres rapports, aliénabilité et prescriptibilité par exemple ; les pouvoirs du mari sur eux quant à l'administration sont ceux d'un mari commun sur les propres de sa femme. Donc elle retombe quant à ces biens dans son incapacité de droit commun. Grâce à ce régime mixte, la conservation de la dot immobilière de la femme lui est assurée comme sous le régime dotal, et, d'autre part, elle n'a pas d'indépendance administrative comme sous le régime de séparation de biens. Enfin, il y a un intérêt commun entre les époux, comme sous les régimes de communauté, puisque tous

(1) *Cours de Droit civil*, Tome V, paragraphe 541 *bis*.
(2) *Explication du Code Napoléon*, 6ᵉ volume, Titre V. *Du contrat de mariage*, Section IV, Note 1.
(3) *Cours analytique de Code civil*, 6ᵉ vol., Nº 252 *bis* I.

les revenus des biens dotaux et paraphernaux de la femme et des biens quelconques du mari sont perçus non pas au profit du mari ou de la femme exclusivement, mais de la commuauté d'acquêts. Le seul inconvénient, mais il est grand, c'est d'aggraver l'incapacité de droit commun de la femme pour ce qui concerne les biens dotaux, et de la laisser subsister pour les acquêts, au lieu de la restreindre, comme le fait le régime dotal pour tout ce qui n'est pas dotal.

Pour résumer tout ce long chapitre, il faut couclure ainsi : régime dotal quant aux paraphernaux, dotal sans dot, clauses des articles 1534, 1549 et autres semblables, séparation de biens judiciaire faisant suite à tout autre régime que le régime dotal avec dot, reviennent en dernière analyse, à donner à la femme la même capacité qui lui est assurée par le régime de séparation de biens conventionnelle sur tout son patrimoine ou seulement sur partie ; mais il n'en est pas tout à fait de même quant au régime dotal avec dot succède la séparation de biens judiciaire. L'effet de cette séparation est bien, sans doute, d'enlever au mari et de rendre à la femme la jouissance des biens dotaux et l'exercice des actions qui les concernent, mais la femme peut renoncer à la séparation pour revenir au régime dotal, et le jugement de séparation de biens n'entraîne pas avec lui la résolution du régime dotal. Le Code étant muet sur cette question, il faut la résoudre d'après les principes généraux. Que nous disent-ils? Les biens dotaux de la femme conservent ce caractère jusqu'à la dissolution du mariage, et ils restent frappés de la même indisponibilité qu'avant la séparation. L'inaliénabilité des biens dotaux est même, d'après la jurisprudence, plus énergique lorsque la femme a remplacé le mari dans leur administration.

CINQUIÈME SECTION

Capacité de la femme dotale avec dot une fois séparée de biens

Nous étudierons les pouvoirs de la femme dotale séparée à deux égards : 1° quant aux actes d'administration ; 2° quant aux actes de disposition. La femme dotale une fois séparée de biens a seule le pouvoir de poursuivre les débiteurs et les détenteurs de biens dotaux par des voies d'exécution qui ne la mènent pas jusqu'à ester en justice, de percevoir les fruits et les revenus de ses biens, de faire des baux même de plus de neuf ans, peut-on dire, car elle est propriétaire, et de recevoir le remboursement de ses capitaux sans être obligée d'en faire emploi, à moins que le mari n'y fût lui-même soumis. Une difficulté s'élève sur ce point. Un débiteur veut se libérer envers la femme séparée de biens d'une dette dont le montant forme un capital dotal, ou bien le mari veut restituer à sa femme la dot en argent qu'il avait reçue : le payement ainsi effectué sera-t-il par lui-même libératoire, et les débiteurs n'auront-ils pas à s'inquiéter du sort réservé aux deniers dotaux ? Non. Aux termes de l'article 1549 le mari a pendant le mariage l'administration des biens dotaux : il n'est tenu ni d'en faire emploi, ni de donner caution, s'il n'y a été assujetti par le contrat de mariage : par l'effet de la séparation de biens, la femme succède au mari quant aux droits d'administration et ne peut être soumise à d'autres prescriptions que lui : il ne peut même appartenir aux Tribunaux qui prononceront la séparation de lui imposer, pour la réception de ses deniers dotaux, des conditions que la loi ou le contrat de mariage n'ont pas mises à cette réception (1).

(1) C. de Cass., 21 mars 1867, S. 68, 1, 452. — 14 mai 1884, S. 1885, 1, 61.

La femme placera donc ses capitaux comme elle
l'entendra sans aucune autorisation. Au contraire,
elle ne pourra sans autorisation exercer les actions
pétitoires sur ses biens dotaux que l'article 1549 don-
nait au mari avant la séparation. De même pour l'action en partage d'une succession mobilière ou immobilière, car la femme séparée n'a pas plus le droit de
disposer à titre gratuit de ses meubles que de ses
immeubles dotaux. De même elle ne peut ester en
justice sans autorisation. Dans la limite de ses pouvoirs
à interpréter largement, elle peut s'obliger sur ses
paraphernaux même immeubles : c'est le droit commun de l'article 2092 ; sans cela l'administration lui
serait rendue impossible (1). Les Tribunaux apprécieront l'opportunité qu'il y aura à laisser la femme s'acquitter directement envers les créanciers du ménage
de sa part contributoire aux frais de la famille, ou si
elle devra verser sa part dans les mains du mari. Voilà
quels sont les pouvoirs d'administration de la femme
dotale une fois séparée de biens ; ils sont semblables
à ceux du mari avant la séparation. Il reste à examiner quels sont ses droits de disposition sur trois
catégories de biens : 1° sur les meubles dotaux; 2° sur
les immeubles dotaux; 3° sur les revenus des biens
dotaux. Il faut se décider sur le premier point, d'après
une des trois opinions émises sur le caractère de la
dot mobilière avant la séparation de biens. Pour les
uns elle est déjà aliénable absolument, pour les autres, déjà inaliénable absolument; d'autres enfin soutiennent que les meubles dotaux avant la séparation
sont aliénables par le mari, même ceux dont il ne devient pas propriétaire, mais leur restitution est garantie par l'hypothèque légale de la femme. Quant à
elle, elle ne peut directement ni indirectement disposer
de sa dot mobilière, faire aucun acte qui porte atteinte

(1) Demolombe, *Cours de Code Napoléon*, tome IV, p. 161.

à l'intégrité de sa dot, pour elle inaliénable, sans distinction de meubles et d'immeubles. Si l'on adopte la première opinion, la femme après la séparation aura la liberté la plus absolue de disposer de sa dot mobilière. Si l'on adopte la deuxième, la dot mobilière sera aussi bien inaliénable quand la femme en aura repris l'administration que lorsqu'elle appartenait au mari. Si l'on adopte le troisième système, il faut aussi admettre l'aliénabilité de la dot mobilière après séparation, car la séparation de biens ne peut resserrer les liens de la dotalité, dit Marcadé (1), et les biens aliénables avant la séparation ne peuvent pas ne pas l'être encore après ; donc la femme aura désormais le droit de disposer librement de ses meubles dotaux ; elle succède purement et simplement aux droits qu'avait le mari avant la séparation ; elle peut donc aliéner ses meubles dotaux sans aucune autorisation, ni du mari, ni de justice.

Quant aux immeubles dotaux, leur inaliénabilité persiste ; après la séparation ils ne peuvent être aliénés, même avec autorisation maritale, sauf s'il y a eu dans le contrat de mariage une clause qui les aît rendus aliénables avec ou sans remploi, sauf encore dans les cas prévus par les articles 1555, 1556, 1558, 1559, et partant en vertu de l'article 1554, tout acte qui aboutirait directement ou indirectement à enlever à la femme la pleine propriété ou la jouissance du fonds dotal, doit être prohibé, que l'acte soit à titre gratuit ou onéreux: par exemple, une institution contractuelle portant sur des immeubles dotaux, toute constitution de droits réels, hypothèque, servitude personnelle ou réelle; la femme dotale séparée ne peut pas davantage faire remise de ces droits, s'il en existe à son profit. Toutes les obligations qu'elle aura contractées après la séparation, pour cause d'administration, pourront

(1) *Explication du Code Napoléon*, 6ᵐᵉ vol. T. V *Du contrat de mariage*, Section II, page 52.

être exécutées sur ses meubles dotaux, pas sur les immeubles s'ils sont inaliénables ; après la séparation,
l'exercice de l'action en nullité de l'aliénation d'un
immeuble dotal appartient exclusivement à la femme
séparée, mais elle ne pourra en poursuivre la nullité
qu'après y avoir été autorisée, comme nous le verrons
plus bas au sixième chapitre.

Il y a jusqu'à quatre opinions sur les pouvoirs du
mari, quant aux revenus des biens dotaux avant la
séparation. Les uns veulent que ces revenus soient
indisponibles, une fois les besoins du ménage satisfaits.
Les autres font une distinction : les revenus des meubles dotaux seraient disponibles, et point ceux des
immeubles. D'autres les considèrent tous comme disponibles une fois les besoins du ménage satisfaits.
Enfin, on admet aussi que les revenus de la dot sont
toujours disponibles. Le mari en devient propriétaire
à la charge de supporter les frais du ménage, et non
pas seulement après les avoir supportés, jusqu'à ce
qu'il intervienne une séparation de corps ou de biens.
La femme séparée a les mêmes pouvoirs qu'avait au-
paravant le mari, c'est-à-dire, à notre avis, le droit de
disposition absolue sur les revenus de la dot. La dot
immobilière reste inaliénable après la séparation, mais
jamais ses revenus ne sont inaliénables. La femme
séparée en est propriétaire et peut en disposer comme
il lui convient. Donc les créanciers de la femme ont le
droit de poursuivre l'exécution des engagements de
celle-ci sur les fruits et les revenus de sa dot, comme
sur les meubles dotaux. Si elle ne les emploie pas
bien, on aura la ressource de lui faire nommer un conseil judiciaire. Si elle a été le jouet de ses contrac-
tants, on fera briser la convention pour cause de dol
ou de violence. C'est à tort que la Cour de cassation
divise les fruits en deux parties, l'une affectée aux besoins du ménage et qui constituerait le gage exclusif
des créanciers pour fournitures, l'autre qui répondrait

de tous les engagements de la femme séparée et qui serait le gage commun de tous ses créanciers (1). Cette doctrine ne repose sur aucun texte. La femme dotale peut valablement s'obliger pendant le mariage, mais ces obligations ne sont pas exécutoires sur les biens dotaux, même après la séparation ; elle ne le sont que sur les paraphernaux, s'il y en a, comme le reconnaît la jurisprudence (2), et aussi sur les fruits et revenus de la dot, lesquels ne sont pas inaliénables, malgré la Cour de cassation (3). Une fois que les besoins du ménage sont satisfaits, il n'y a aucune raison de droit ni de fait, pour les soustraire à la poursuite des créanciers.

Il ne reste plus qu'à voir quelle est la valeur des obligations contractées par la femme dotale, après la séparation de biens, d'abord pour les besoins du ménage et dans les bornes de ses pouvoirs d'administration, puis en dehors de ces mêmes pouvoirs. Dans le premier cas, les créanciers ont le droit de faire exécuter l'obligation de leur débitrice sur tous les revenus de sa dot, sans se préoccuper de réserver une part indisponible pour les besoins du ménage ; on ne peut pas faire de distinction, faute de texte ; il n'y a d'insaisissable que les immeubles dotaux inaliénables. Les créanciers pour fournitures de subsistance ne sont pas sacrifiés, car ils viennent se faire colloquer par préférence sur les sommes saisies-arrêtées par les autres. Ceux-ci même ne saisiront pas les revenus de la femme dotale séparée, s'ils savent qu'ils suffisent à peine aux dépenses d'entretien. Quand donc la femme dotale séparée contracte une obligation valable, elle est exécutoire sur tous ses biens

(1) C. de C., 4 nov. 46, S. 47, 1, 202; 29 juillet 62, S. 63, 1, 443 ; 7 juin 64, S. 64, 1, 201 ; 27 avril 1880, S. 1880, 1, 360.

(2) Rennes, 4 mars 1880, S. 1881, 2, 265; Rouen, 28 mars 1881, S. 1882, 2, 41 ; Grenoble, 16 déc. 1882, S. 1884, 2, 65; C. de C., 12 nov. 1879, S. 1880, 1, 65.

(3) Pau, 25 nov. 1879, S. 1881, 2, 183.

non inaliénables, et il n'y a d'inaliénables que les immeubles dotaux déclarés tels. Si la femme dotale séparée contracte une obligation qui excède ses pouvoirs, elle ne peut s'exécuter sur aucun de ses biens ni revenus dotaux ou paraphernaux, meubles ou immeubles. Il y a des cas où les immeubles dotaux de la femme séparée, restés tels après la séparation, peuvent néanmoins être saisis pour l'exécution de ses obligations. En voici des exemples : Les créanciers à date certaine, avant la célébration du mariage, ont droit de saisir la pleine propriété des immeubles dotaux, même avant la séparation, s'il y a eu constitution dotale de tous biens présents et à venir. Si la dot consiste en un bien déterminé, il en est de même pour les créanciers qui ont hypothèque sur ce bien. Quant aux chirographaires, avant la séparation, ils ne peuvent atteindre que la nue-propriété de cet immeuble dotal, après la pleine propriété, malgré le rétablissement possible du régime dotal. La femme dotale qui commet un délit ou quasi-délit avant la séparation, n'oblige que la nue-propriété de ses immeubles (1), après, la pleine propriété et toujours tous les meubles dotaux, avant comme après la séparation. De même pour les frais des procès qui la concernent ; de même encore s'il s'agit d'un créancier qui a fait à la femme des avances pour son instance en séparation de biens.

Il ne reste qu'un dernier point à établir. Le bien livré par le mari à la femme dotale séparée ou acquis par elle avec des deniers dotaux, ne révêt pas le caractère de dotalité et d'inaliénabilité, mais on se demande quels seront les droits des créanciers de la femme dotale séparée sur ce bien. Les uns (2) leur

(1) Rennes, 4 mars 1880, S. 1881, 2, 265. — Pau, 2 juin 1880, S. 1882, 2, 249. — Rouen, 28 mars 1881, S. 1882, 2, 41. — C. de C., 16 fév. 1880, S. 1881, 351 ; 27 fév., 1883, S. 84, 185.
(2) BERTAULD. *Questions de droit*, t. 1, p. 504 et s.

refusent tout droit; les autres (1) veulent que la femme
puisse prélever sur le prix de l'immeuble saisi et
vendu par les créanciers une valeur égale à sa dot
mobilière ; d'autres (2) enfin, que les créanciers puissent saisir et vendre cet immeuble sans restriction,
et c'est l'opinion qui nous paraît la plus raisonnable.

Telle est en somme la capacité de la femme dotale
séparée de biens, qui dans l'opinion la plus favorable
à son indépendance, se distingue encore de la capacité de la femme séparée de biens, conventionnellement ou judiciairement, quand cette séparation fait
suite à un autre régime matrimonial que le régime
dotal. Cependant, pour que cette différence existe, il
faut qu'il y ait eu des immeubles dotaux inaliénables
avant même la séparation ; alors ils restent tels après
comme avant, ce qui diminue assez sensiblement les
pouvoirs de la femme dotale séparée et les droits
même des créanciers avec qui elle a valablement
traité, même depuis sa séparation ; sans quoi assimilation complète avec les autres femmes séparées de
biens.

(1) Aubry et Rau. *Cours de droit civil*, t. 4, p. 539, p. 519,
3ᵉ édit. — Caen, 6 juillet 1866, S. 1867, 2. 317. — Grenoble,
4 mars 1868, S. 1868, 2, 207.

(2) Marcadé, A. 1553, Nº 4. *Explic. du Code Nap.* — Troplong.
Contrat de mariage, t. 1, Nº 3189.

TROISIÈME PARTIE

—

CHAPITRE Ier

Par qui l'autorisation doit-elle être donnée à la femme mariée

En principe, c'est le mari qui doit donner l'autorisation ; s'il refuse et que la femme fasse l'acte quand même, il est entaché de nullité. Si le mari refuse sans raison, la femme a la ressource de s'adresser à la justice pour se faire autoriser s'il y a lieu, et alors l'acte sera valablement fait. Quand il s'agit de passer un acte ou d'ester en justice comme demanderesse, la femme devra s'adresser au tribunal de première instance du domicile commun ; si elle est défenderesse au tribunal saisi de l'affaire et le tribunal décidera s'il doit ou non accorder l'autorisation demandée, après avoir appelé devant lui le mari. La justice ne peut pas toujours autoriser la femme à défaut du mari. Il y a des cas, assez rares du reste, où le mari a seul le droit d'autoriser sa femme, la justice ne pouvant en aucune façon le remplacer. Voici ces cas :

Premier cas. — La femme mariée veut devenir commerçante, il lui faut absolument le consentement de son mari : lui seul est juge de l'opportunité de l'autorisation, car la femme habilitée à faire le commerce peut tomber en faillite, et les conséquences de ses obligations commerciales rejailliront sur son mari, au moins dans les régimes de communauté. Par conséquent le mari a seul le droit d'habiliter sa femme à faire le commerce pour ces raisons et particulièrement dans la crainte que la femme, soustraite désormais en grande partie à son autorité, compromette non-seule-

ment sa fortune, mais encore son honneur et la con-
sidération de sa famille, dont le mari est le chef. On
soutient cependant que l'autorisation peut être donnée
par la justice quand les deux conjoints sont majeurs
et que le mari refuse injustement d'autoriser sa femme.
Le tribunal aurait donc à apprécier si ce refus est lé-
gime ou non. On va même jusqu'à dire que cette autorisation peut être donnée à la femme par le jugement
de séparation, ou plutôt qu'elle résulte de ce jugement (1) ; mais il semble difficile d'admettre que le
mari supposé capable par hypothèse ne doive pas être
seul juge dans cette question, même si la femme
n'avait pas d'autre ressource que son négoce pour
élever ses enfants. Il est bien entendu que si le mari
est incapable ou indigne de donner son autorisation,
la justice doit prendre sa place, mais cela ne contredit pas la solution précédente, comme on le verra
plus bas. Si l'on admet la solution que nous soutenons,
il faut admettre aussi que le mari peut retirer à un
moment quelconque son autorisation ; mais le retrait
d'autorisation doit être rendu public, comme l'autorisation elle-même, pour être opposable aux tiers. On
dit cependant que si le mari retire l'autorisation mé-
chamment et sans motifs, l'article 219 prêtera un
secours efficace à la femme déjà autorisée en permettant à la justice de la protéger contre le retrait arbitraire d'autorisation du mari. Quand la femme est
mineure et le mari majeur, il faudra d'abord l'habilitation donnée par le mari, puis l'habilitation de l'article
2 du Code de commerce, c'est-à-dire l'autorisation du
père ou de la mère ou du conseil de famille. Quand le
mari et la femme sont tous deux mineurs, il faut que
le mari soit habilité et puis la femme, comme ci-dessus. Quand le mari est mineur et la femme majeure,
le mari mineur ne peut habiliter sa femme. En effet,

(1) C. de Cass., 17 janvier 1881, S. 1881, 1, 405, et la note
au dessous.

tout son avoir pourrait être atteint à la suite des opérations de sa femme habilitée, et il aurait ainsi aliéné
indirectement son patrimoine. Par conséquent la
femme majeure devra dans ce cas être habilitée conformément à l'article 224 du Code civil.

Deuxième cas. — L'autorisation du mari ne saurait être suppléée par celle de justice, si la femme veut
contracter un engagement théâtral ou publier des
œuvres littéraires.

Troisième cas. — De même si la femme veut compromettre.

Quatrième cas. — Pour que la femme mariée choisie
comme exécuteur testamentaire par le *de cujus* puisse
accepter ces fonctions, il lui faut *sine quâ non* l'autorisation de son mari, sauf sous le régime de séparation
de biens ; car c'est une mission délicate, dont la bien-
séance ne peut et ne doit être appréciée que par le
mari d'une façon souveraine, et d'ailleurs elle est de
nature à engager la responsabilité pécuniaire de la
femme.

Cinquième cas. — Quand il s'agit de l'établissement
des enfants par mariage ou autrement, et de leur
donner des biens dotaux, c'est-à-dire de les aliéner à
titre gratuit, la justice peut, pour autoriser cet établissement, suppléer le mari s'il s'agit d'enfants d'une
précédente union; mais s'il s'agit d'enfants communs,
le mari seul peut donner l'autorisation requise, s'il est
physiquement ou légalement en état de l'accorder ou
de la refuser ; sinon il peut, même dans ce cas, être
suppléé par la justice. (Dans la première hypothèse,
le mari conserve la jouissance des immeubles donnés.)
Ces deux exceptions s'expliquent aisément, ce n'est
pas détourner la dot de son but. La justice et la morale
exigent cette dérogation à la règle de l'inaliénabilité
dotale et à la nécessité de l'autorisation maritale,
sans intervention possible de l'autorité judiciaire. On
se demande si la femme dotale peut, dans ce cas, hypo-

théquer ses immeubles dotaux en garantie de la dot en argent qu'elle aurait promise aux enfants d'une précédente union ou aux enfants communs, dans la première hypothèse, avec l'autorisation du mari ou de justice, dans la seconde, avec celle du mari seulement. La solution doit être affirmative. La loi, levant ici la prohibition d'aliéner, lève du même coup celle d'hypothéquer, malgré le principe qui veut qu'on déroge le moins possible au droit commun, qui est ici l'inaliénabilité absolue des immeubles dotaux. On peut faire observer que dans ce cas il ne s'agit pas d'y déroger par convention, mais de par la loi ; or, aliéner à titre gratuit, comme il est permis de le faire sûrement dans l'espèce ci-dessus, est plus grave qu'hypothéquer.

Dans tous les autres cas, sauf ces cinq, la justice peut suppléer le mari qui refuse injustement son autorisation. Il est des hypothèses où le mari est dans l'incapacité physique ou légale d'autoriser sa femme : par exemple s'il est enfermé dans une maison d'aliénés, pourvu d'un conseil judiciaire, interdit, absent, mineur, s'il est frappé même par coutumace d'une peine afflictive et infamante ou infamante seulement ; mais alors rien que pendant la durée de la peine. Dans ces diverses hypothèses, on ne peut pas, contrairement aux décisions de l'ancien droit, se passer purement et simplement de l'autorisation du mari. Il faut recourir à la justice quand le mari est incapable ou indigne de donner son autorisation. Pourquoi ? Pour assurer la paix du ménage, pour éviter les récriminations postérieures du mari contre la femme qui aurait agi seule, sans aucune autorisation.

Reprenons ces diverses hypothèses l'une après l'autre.

L'incapacité de donner l'autorisation où se trouve le mari, enfermé dans une maison d'aliénés, interdit, absent, que l'absence ait été déclarée ou non, pourvu d'un conseil judiciaire, dure jusqu'au jour où l'interdiction vient à être levée, l'aliénation ou l'absence à cesser, le conseil judiciaire à disparaître ; elle n'est donc peut-être pas définitive, et c'est ce qui amène l'intervention obligée de la justice entre temps. Un cas curieux est celui où la femme est tutrice de son mari interdit. Pour ester en jugement ou disposer de ses biens personnels, elle a besoin de l'autorisation de justice. Pour le reste, c'est-à-dire pour administrer les biens de son mari et en disposer, elle devra agir selon les règles imposées aux tuteurs. Si au contraire c'est la femme qui est interdite et que le mari n'en soit pas le tuteur, le tuteur agira pour la femme selon les règles de la tutelle, sans avoir besoin de l'autorisation du mari.

Si le mari est simplement absent, c'est-à-dire non présent, éloigné, la femme doit attendre son retour ou lui demander son autorisation par lettre, à moins qu'il n'y ait urgence, auquel cas la justice sera appelée à la donner.

Si le mari est frappé d'une peine afflictive et infamante ou infamante seulement par contumace, son incapacité de donner l'autorisation à sa femme dure pendant vingt années, à l'expiration desquelles la prescription lui est acquise. Jusque-là il est suppléé par la justice, s'il y a lieu. S'il est frappé contradictoirement, la durée de son incapacité est égale à celle de la peine, mais ne se prolonge pas au-delà, bien que, à l'expiration de la peine principale, il soit frappé accessoirement de la dégradation civique. La dégradation civique (A. 34 du C. pénal) n'entraîne pas la déchéance de la puissance maritale, qu'elle frappe quelqu'un comme peine accessoire ou comme peine principale. Que le mari soit frappé d'une peine afflictive et infamante ou infamante seulement par contumace ou contradictoirement, quand la justice est appelée à donner à la femme l'autorisation requise à défaut du mari, elle n'a pas besoin de le citer devant elle ni de l'entendre.

Si le mari est mineur, l'autorisation de justice est nécessaire; cela va de soi : il eût été singulier qu'il autorisât sa femme à faire un acte que lui-même ne peut pas faire ; autre était la solution de l'ancien droit (1), puisque l'autorisation y était requise uniquement par respect pour la puissance maritale ; la raison qui a déterminé les rédacteurs du Code est toujours la même : il serait à craindre que, devenu majeur, le mari critiquât l'acte que la femme aurait accompli valablement sans son autorisation ni celle de justice. La règle de l'ancien droit était plus logique : l'autorisation n'y était pas exigée pour protéger les intérêts de la femme, et le mari mineur est aussi bien investi que le majeur de la puissance maritale, devant laquelle la femme devait s'incliner, et rien de plus. Aujourd'hui le mari mineur ne pourrait valablement autoriser sa femme qu'à faire les actes qu'il pourrait faire lui-même en qualité de mineur émancipé par le mariage : par exemple, ester en justice en matière mobilière ou possessoire. Si la femme est mineure et que son mari majeur en soit le curateur, il l'autorisera en qualité de mari et l'assistera en qualité de curateur. Si le mari lui-même est mineur, il ne peut être le curateur de sa femme. Pour l'autoriser, il faudra donc l'intervention de justice, et pour l'assister, un tuteur ad hoc.

Dans les cas de ces trois articles 221, 222, 224, la justice peut suppléer le mari pour permettre à la femme de faire le commerce, d'accepter les fonctions d'exécuteur testamentaire, de compromettre, de prendre un engagement théâtral, d'aliéner ou d'hypothéquer des immeubles dotaux pour établir des enfants communs. Dans ces cinq cas, on peut considérer l'affaire comme urgente, car on ne peut attendre que le mari redevienne capable ou digne de donner seul son autorisation : il faut de toute nécessité que justice le supplée. Voici des questions plus délicates.

---

(1) POTHIER. De la puissance du mari, N° 20.

8

Première question. — On a soulevé à propos de la femme mariée la question de savoir si elle peut valablement contracter une société avec son mari. Cette question est liée à un problème de droit civil dont nous avons déjà donné la solution. L'article 1595 défend certains contrats entre époux. La société n'est pas comprise parmi ces contrats : donc le contrat de société est permis entre époux.

Deuxième question. — Dans le cas de société, le mari est-il habile à donner son consentement à la femme, ou pour mieux dire, ce consentement est-il suffisant ? Oui, car la loi ne distingue pas : le mari autorise valablement sa femme soit à passer des contrats avec les tiers quand même il y serait personnellement intéressé, soit à traiter avec lui-même des affaires dans lesquelles les deux époux figureraient seuls comme parties avec des intérêts identiques ou opposés peu importe. Quand c'est le mari qui est l'adversaire de la femme, celle-ci n'a plus de protection à attendre de lui et se trouve dès-lors, sous le rapport de la capacité dans la position d'une femme majeure non mariée, fille ou veuve ; si, dans ce cas, l'autorisation maritale lui est encore nécessaire, c'est uniquement comme dans l'ancien droit, à cause du respect que la femme doit à son mari, et par conséquent, rien ne s'oppose à ce que le mari la donne, même dans son propre intérêt. Nous supposons donc la question affirmativement résolue ; néanmoins la légitimité de la société entre époux est encore contestée pour les deux raisons suivantes : C'est dit-on une modification au contrat de mariage. En outre, il ne peut y avoir société entre époux, parce que toutes les fois que la femme s'immisce dans les affaires de son mari, elle n'est pas pour cela considérée comme commerçante : il faut *sine qua non* qu'elle fasse un commerce distinct de celui de son mari. On répond sans peine à ces arguments : Le contrat de société ne modifie en rien le contrat de mariage. L'acte constitutif établissant une société de commerce entre le mari et la femme sépare bien l'individualité commerciale du mari et celle de la femme.

Reste une dernière question : Il s'agit de savoir quelles règles il faudra suivre dans l'hypothèse ci-dessus quand la femme mariée qui a besoin d'être autorisée est mineure. Le mariage l'a émancipée, et elle a pour curateur le mari : elle pourra donc passer en général ses actes avec l'assistance du mari majeur, sauf délibération du conseil de famille et homologation du tribunal dans les cas où c'est nécessaire, c'est-à-dire pour les actes à propos desquels un mineur émancipé aurait besoin de recourir à ces formalités (A. 483, 484). S'il s'agissait d'un acte que la femme voudrait passer avec le mari, alors il faudrait à la femme, outre l'autorisation du mari, un tuteur *ad hoc* à cause de l'incapacité de la femme non pour le fait de mariage, mais pour le fait de minorité. Ce serait ici le cas d'appliquer au mari la règle : *Nemo potest esse auctor in rem suam*. Si le mari est lui aussi mineur, enfermé dans une maison d'aliénés, pourvu d'un conseil judiciaire, interdit, absent dans le sens légal du mot, frappé d'une peine afflictive et infamante ou infamante seulement même par contumace, ou bien encore s'il refuse d'autoriser, il faudrait à la femme mariée d'abord l'autorisation de justice en tant que femme mariée, et en tant que mineure, un tuteur *ad hoc* nommé par le tribunal. L'article 2208 donne l'application de ces règles en parlant des formalités nécessaires pour l'expropriation des immeubles de la femme mariée. Quand la femme mariée est mineure, elle n'a pas, à cause de sa qualité de femme mariée, la capacité de faire seule, sans autorisation, les actes de l'article 481, que le mineur émancipé peut faire sans son curateur. Si la femme mariée est interdite, elle ne peut faire aucun acte, elle est représentée par son

mari, devenu son tuteur, dans tous les actes qui
l'intéressent, et si ce mari a été excusé, exclu, des-
titué de la tutelle de la femme, le tuteur nommé par
le conseil de famille la représente comme un interdit
ordinaire et n'a besoin pour traiter valablement en
son nom, d'aucune autorisation maritale ni de justice.

CHAPITRE II

En quelle forme doit être donnée l'autorisation du mari ou de justice?

L'autorisation du mari ou de justice est une approbation de l'acte de la femme. L'autorisation doit donc
être qualifiée, spéciale pour l'accomplissement d'un
ou de plusieurs actes déterminés et non générale,
comme serait celle d'aliéner tous les immeubles présents et à venir. Pareille autorisation serait dangereuse, et elle est interdite par l'article 223 ; quand
même cette autorisation serait donnée par contrat de
mariage, elle ne serait pas valable, car par contrat de
mariage on ne peut déroger aux droits que le mari
tient de sa qualité de chef du ménage : ce serait relever la femme de l'incapacité résultant du mariage
même, ce qui est contraire à l'ordre public et à la
loi (A. 1388, 220, 223). Par exemple, l'autorisation
donnée par un mari à sa femme est nulle comme
ayant le caractère d'une autorisation générale, s'il
l'autorise à contracter des obligations illimitées dans
leur nombre, leur durée et leur valeur; à emprunter
sans détermination des sommes; à cautionner, à
hypothéquer, à aliéner des immeubles sans préciser
les conditions de ces opérations, ou à ester en justice
pour toutes les affaires intéressant son commerce.
L'autorisation, pour être spéciale (1), doit être donnée pour chaque procès, pour chaque affaire en con-

(1) C. de Cass., 30 janv. 77, S., 77, 1, 73.

naissance de cause, c'est-à-dire après examen de l'époque et des principales conditions de chaque opération; elle doit être donnée par le mari lui-même et non par un mandataire du mari. L'autorisation ne peut être générale que pour les actes d'administration (A. 223); encore faut-il que la femme ait une autorisation spéciale pour tous les actes qui dépassent les pouvoirs d'administration qu'elle tient soit de la loi, soit du régime matrimonial sous lequel elle est mariée, soit d'une clause spéciale du contrat de mariage; mais rien ne ferait obstacle à ce que le mari donnât à sa femme le mandat d'administrer, soit ses biens personnels à lui mari, soit les biens de la communauté, s'il y en a, soit les propres de la femme dont il a l'administration en vertu du contrat de mariage. En déléguant son pouvoir par mandat, le mari l'exerce. *Qui mandat fecisse videtur*. Mais il ne peut s'interdire, même par contrat de mariage, le droit de révoquer le mandat donné à sa femme : la clause serait nulle comme contenant une abdication de la puissance maritale prohibée par l'article 1388. Par contrat de mariage, on peut sans doute adopter le régime de séparation de biens en tout ou en partie et le régime dotal sans dot, et alors la femme a la libre administration de son patrimoine, mais même alors, si elle peut librement, c'est-à-dire seule, sans autorisation, aliéner son mobilier à titre onéreux ; elle ne peut l'aliéner à titre gratuit, ni aliéner ses immeubles à aucun titre sans autorisation, ni s'obliger même sur ses meubles en dehors des limites de son droit d'administration : donc même alors sa liberté, son indépendance, quant aux actes de disposition et d'administration, n'est pas complète; elle est seulement débarrassée de l'intervention constante de son mari ou de justice dans les actes d'administration de sa fortune personnelle. C'est donc le cas de dire : « Qui veut la fin veut les moyens ». Or, le seul moyen à employer pour atteindre ce résultat est d'adopter par contrat de mariage l'un des régimes que nous avons étudiés dans ce travail : alors la femme s'oblige elle-même, sans obliger son mari. Dans tous les autres régimes, l'administration appartient de droit au mari, qui peut bien la confier à sa femme par un mandat général et révocable, à la suite duquel la femme est responsable à son égard, selon les règles du mandat; alors, elle oblige le mari sans s'obliger elle-même, car celui qui contracte comme mandataire, oblige son mandant sans s'obliger lui-même ; mais le mari ne peut aller au-delà et donner à sa femme une autorisation générale même révocable d'aliéner ou de s'obliger. Hors le cas précité, l'autorisation du mari doit être spéciale à l'acte dont la femme prend l'initiative. De même, la femme ne pourrait donner valablement à son mari mandat illimité d'aliéner, d'emprunter, d'hypothéquer pour elle et en son nom, bien qu'il semble que le mari, en stipulant pour la femme, l'autorise d'une manière spéciale dans chaque affaire qu'il traite pour elle ; mais en réalité, il y a défaut de consentement de la part de la femme.

Il faut rappeler l'exception au principe de la spécialité de l'autorisation maritale admise au profit de la femme habilitée à faire le commerce. S'il fallait des autorisations spéciales pour chaque acte, le commerce serait rendu impossible à la femme. Cette autorisation générale, valable dans les limites du commerce, ne permet cependant pas à la femme habilitée d'ester en justice pour son commerce; il lui faut encore dans ce cas une autorisation spéciale de son mari. Notons que la femme ne peut être commerçante en vertu d'une clause du contrat de mariage, en sorte que le mari n'ait pas le droit de lui retirer son consentement. Ce serait contraire à l'article 214 et surtout à l'article 1388 ; ce serait déroger par contrat de mariage aux droits qui appartiennent au mari comme chef du ménage ; en effet, autoriser sa femme à faire le commerce est un de ces droits, attributs de la puissance maritale. Il suffit de se reporter à l'article 5 du Code de commerce, qui dit sans restriction : « La femme ne peut être marchande publique sans l'agrément de son mari. En matière de commerce il y a une seconde exception qu'il faut remarquer. L'autorisation peut être tacite aussi bien qu'expresse, écrite ou non écrite ; une pure tolérance sans protestation peut être considérée comme une autorisation suffisante ; la femme commerçante peut recourir à tous les moyens de preuve ponr établir qu'elle a été autorisée, de même les tiers qui ont contracté avec elle, et même le mari pour prouver qu'il n'a pas autorisé. Une autorisation spéciale est nécessaire à la femme pour tous les actes autres que ceux de son commerce : si donc elle fait sans autorisation spéciale un acte de disposition, aliénation, constitution d'hypothèque en réalité pour autre chose que son commerce, il y a présomption *juris tantum* qu'elle a fait cet acte pour les besoins de son commerce, et c'est à celui qui contestera la commercialité de l'opération à prouver le contraire. L'acte devra être maintenu, si l'autre partie a été de bonne foi, c'est-à-dire a pu sérieusement croire que l'acte en question concernait le négoce de la femme. L'autorisation générale donnée à la femme commerçante produit les mêmes effets que l'autorisation spéciale exigée dans les cas ordinaires : elle rend saisissables, pour l'exécution des actes relatifs au commerce de la femme, tous les biens meubles ou immeubles non inaliénables qui lui appartiennent. L'article 7 du Code de commerce reconnaît à la femme commerçante le droit d'engager tous ses biens, c'est-à-dire d'en faire le gage commun de ses créanciers, selon l'article 2092 du Code civil, même d'hypothéquer et d'aliéner ses immeubles, contrairement à l'article 1538.

Formes de l'autorisation dans les actes extra-judiciaires (A. 217). — Pour les actes extrajudiciaires l'autorisation doit être donnée par le concours du mari à l'acte ou son consentement par écrit. Mais que faut-il entendre par ces expressions de la loi « concours du mari à l'acte, consentement par écrit » ? L'ancien droit (1) exigeait rigoureusement des formes solennelles pour les actes extrajudiciaires. Il fallait le mot « autorisation ou habilitation ». Les mots « consentement, adhésion, approbation », etc., étaient insuffisants. Les rédacteurs du Code civil se sont montrés moins exigeants. Le consentement par écrit au moyen d'un acte authentique ou sous seings privés, ou même par simple lettre missive, est une autorisation expresse et suffit lors même que l'acte pour lequel la femme serait ainsi autorisée devrait être fait dans la forme authentique, comme, par exemple, une donation entre vifs. Le concours du mari dans l'acte, par exemple, quand il donne, vend ou emprunte avec la femme, n'est pas, malgré controverse, la seule autorisation tacite permise. Il paraît raisonnable et conforme à l'esprit du Code civil d'admettre qu'il suffit d'une manifestation quelconque de volonté du mari pour rendre l'acte de la femme valide (2), et que cette manifestation peut résulter des circonstances sans qu'il soit même nécessaire que l'autorisation du mari ait été mentionnée dans l'acte passé par la femme ; le tout sera de prouver que l'autorisation a bien été donnée en effet. Par exemple, il y aura autorisation tacite si le mari tire une lettre de change sur sa femme, si la femme se livre au commerce au vu et au su de son mari, sans opposition de sa part. L'article 217 n'est qu'énonciatif, non impératif. Le consentement par écrit ou le concours à l'acte ne sont pas

(1) POTHIER. *De la Communauté*, chap. VIII, titre 1, N° 145.
(2) C. de cass., 30 décembre 1878 ; S., 1879, 1, 106.

absolument nécessaires, mais c'est le *quod plerum-que fit,* sans exclure les autres genres d'autorisation.

Une autre opinion, la meilleure ou du moins la plus sûre en pratique, sinon la plus justifiable en théorie, soutient que l'énumération de l'article 217 est limita-tive. D'après elle, on ne peut démontrer que l'auto-risation a été donnée si ce n'est par un écrit signé du mari (même une lettre missive suffit, car c'est un écrit), ou son concours à l'acte (1); par exemple, s'il emprunte conjointement et solidairement avec la femme une somme d'argent, s'il achète un bien en commun, s'il fait à sa femme ou reçoit d'elle une donation. Si l'une de ces deux circonstances fait défaut, on ne peut pas prouver que l'autorisation re-quise a été accordée, car autrement ce serait ouvrir aux procès la porte que l'on a prétendu leur fermer par l'article 217. Un don manuel, peut-on objecter, est valide si la tradition s'y joint. D'après cette deuxième opinion, le don manuel serait interdit à la femme mariée sans le consentement par écrit de son mari, car ici, dans l'espèce, pas de concours à l'acte possible ; en effet, il n'y a pas d'acte. La première opinion est donc plus conforme aux principes. Même en se rangeant à la deuxième opinion, il est possible de se demander si le consentement du mari peut être donné verbalement et sans écrit lorsque l'engage-ment de la femme a pour objet des sommes ou des valeurs qui n'excèdent pas 150 francs. Peut-il, dans ce cas, être prouvé par témoins ? La partie intéressée pourrait-elle invoquer le serment et l'aveu des époux ? Certains auteurs sont d'avis qu'il ne faut jamais admettre la preuve testimoniale, à cause de l'abus qu'on en pourrait faire, en prétendant induire l'auto-risation de paroles en l'air prononcées par le mari et

(1) C. de C. 26 juillet 1871, S. 71, 1, 65. — 20 juin 1881, S. 1881, 1, 301.

rapportées par les témoins, nouvelle porte ouverte aux contestations et aux procès, qu'on a voulu prévenir par l'article 217. Néanmoins, malgré ces raisons et conformément à l'esprit général du Code civil qui n'exige pas de formes solennelles pour la manifestation de volonté du mari, je répondrais affirmativement aux trois questions posées.

Si l'autorisation du mari doit être donnée par le concours à l'acte, il faut évidemment un concours prouvant le consentement du mari. Par exemple, si un mari signe un billet et que la femme écrive au-dessous qu'elle s'oblige conjointement avec lui au paiement du susdit billet, cela ne prouve pas l'autorisation, car il n'y a pas en réalité concours dans le même acte, l'engagement de la femme étant postérieur à celui du mari. Dans le cas inverse, il faudrait admettre une solution contraire. Dans l'hypothèse où le consentement du mari a été donné par écrit, il doit être donné soit avant l'acte auquel il se réfère, soit au moment où il s'accomplit : s'il n'était donné qu'après la passation, ce ne serait plus, à vrai dire, une autorisation, mais une ratification qui n'aurait d'effet qu'à l'égard du mari. Celui-ci serait obligé en raison de l'autorisation donnée par lui, parce que cette autorisation même donnée après coup équivaudrait à un engagement de sa part; mais la femme ne serait pas obligée, car son obligation n'était pas valable au moment où elle a été formée, la femme ayant à ce moment-là contracté sans autorisation.

Étendue de l'autorisation maritale et faculté de révocation. — L'étendue de l'autorisation maritale s'apprécie en principe d'après les termes dans lesquels elle a été donnée, mais elle doit naturellement s'étendre aux suites nécessaires de l'affaire pour laquelle elle a été donnée. Le mari peut révoquer son autorisation tant que l'affaire n'est pas consommée, même s'il s'agit de l'autorisation de faire le commerce, sauf

à réserver à la justice le droit d'intervenir pour protéger la femme déjà habilitée contre une révocation
d'autorisation arbitraire. Le mari peut également
révoquer l'autorisation que justice aurait donnée à
cause qu'il était enfermé dans une maison d'aliénés,
pourvu d'un conseil judiciaire, interdit, absent au
sens légal du mot, mineur, frappé d'une peine afflictive et infamante ou infamante seulement, si depuis
il a cessé d'être incapable pour ces raisons, sauf à la
femme à se pourvoir contre la révocation par devant
justice. Le mari ne saurait révoquer l'autorisation
donnée par la justice sur son refus de la donner; il ne
peut qu'appeler du jugement qui autorise la femme.
La révocation, quand elle est possible, doit être portée à la connaissance des tiers. Elle ne peut porter
atteinte aux droits acquis par les tiers avant cette
notification.

*Formes de l'autorisation maritale dans les actes judi-
ciaires et étendue qu'il lui faut donner.* — Si la femme
est demanderesse, il faut ou que les deux époux assignent ensemble le défendeur, ou que le mari donne
son consentement par écrit, non pas verbalement,
comme s'il s'agissait d'un acte extra-judiciaire à accomplir. Si la femme est défenderesse, le demandeur
doit assigner à la fois les deux époux, et le mari donne
son autorisation, ou expressément sur l'assignation
qu'il reçoit de la partie adverse, ou tacitement en
intervenant au procès. Le jugement n'a pas besoin de
mentionner expressément, à peine de nullité, l'autorisation donnée par le mari à sa femme partie au procès (1). Quand les deux époux plaident l'un contre l'autre, il y a autorisation tacite donnée par le mari à la
femme; car il y a concours du mari dans l'acte, et si
elle fait appel, l'autorisation de la Cour suffit pour lui
permettre d'ester en justice (2). L'autorisation de

(1) C. de Cass., 30 novembre 1881, S. 1881, 1, 471.
(2) Paris, 6 juin 1882, S. 83, 2, 116.

plaider, si elle est donnée sans restriction et bien qu'on dise : ce n'est plus une autorisation spéciale, comprend la faculté de citer en conciliation, d'acquiescer au jugement, de le faire exécuter, de former opposition au jugement par défaut, de suivre l'affaire en appel s'il y a lieu sans distinction, que la femme remplisse le rôle d'appelante ou d'intimée, et tout cela sans avoir besoin de nouvelle autorisation. Si le mari ne voulait accorder son autorisation que pour le premier degré de juridiction, il devrait l'exprimer ; mais l'autorisation de plaider ne comprend pas le recours en cassation, la requête civile, la tierce opposition, la prise à partie, qui sont des instances nouvelles et des moyens de recours extraordinaires (1). Si le mari a donné à la femme l'autorisation de plaider dans telle affaire déterminée, la femme n'a pas besoin, sans doute, d'une nouvelle autorisation pour défendre à l'appel du jugement qu'elle a obtenu en première instance, mais si, pour interjeter appel du jugement qui l'a condamnée. L'autorisation de plaider peut être donnée valablement au cours de l'instance. L'autorisation donnée à la femme d'interjeter appel couvre la nullité de la procédure antérieure. Autorisée *à plaider*, la femme mariée n'est pas autorisée par là à acquiescer, transiger, compromettre, faire un aveu, déférer ou accepter le serment décisoire, ni à se désister.

Formes de l'autorisation à donner à la femme mariée par justice. — Nous avons déjà vu les cinq cas où la justice ne peut pas suppléer le mari, à moins que le mari ne soit incapable ou indigne de donner son autorisation. En dehors de ces cas, si le mari refuse de donner l'autorisation, la justice peut le faire à sa place.

(1) DEMOLOMBE. *Cours de Code Napoléon*, tome IV, N° 262. — C. de Cass., 16 mars 1848, S. 48, 1, 285. — 21 février 1853, S. 53, 1, 169. — 22 janvier 1879, S. 79, 1, 252. — 25 février 1879, S. 79, 1, 273.

Le Tribunal saisi de l'affaire peut toujours refuser, *cognita causa,* d'accorder l'autorisation requise, mais ce jugement est susceptible d'appel. L'article 219 a été abrogé par les articles 861 et suivants du Code de procédure civile. 1° Si le mari présent et capable refuse d'accorder à la femme l'autorisation demandée, la femme somme d'abord le mari d'avoir à l'autoriser, puis elle cite le mari devant le président du Tribunal de première instance du domicile du mari ou de la femme, si elle est séparée de corps. Le président rend une ordonnance pour permettre de citer le mari en chambre du conseil, et si le mari persiste à refuser son autorisation sans raison agréée par le Tribunal en connaissance de cause, celui-ci la donne par un jugement public. Si le jugement refuse l'autorisation, il est rendu par défaut. En principe les autorisations accordées aux femmes mariées par la justice doivent être données en chambre du conseil, mais si elles ont été données en séance publique ce n'est pas là un motif de cassation (1). Le Tribunal en accordant l'autorisation peut la soumettre, la subordonner à certaines conditions, par exemple exiger que la femme emprunte à un certain taux, vende et fasse emploi du prix, transige, mais avec l'avis de certains jurisconsultes. 2° Si le mari est incapable ou absent, la femme, sans faire de sommation au mari, adressera directement requête au président du Tribunal, puis les juges statueront sur l'autorisation demandée, après avoir entendu le rapport de l'un d'entre eux. La cause doit, dans tous les cas, être communiquée au ministère public. Si le mari est mineur, il ne doit pas, mais il peut être entendu ; s'il est condamné, non. 3° Si la femme est défenderesse, le demandeur doit assigner les époux, le mari aux fins d'autoriser sa femme, et s'il refuse ou fait défaut, le Tribunal pourra autoriser

_____

(1) C. de C., 9 juillet 1879, S. 79, 1, 470.

la femme comme ne pas l'autoriser. Il ne sera même
pas nécessaire d'assigner le mari dans les cas où la
femme peut demander directement à la justice de
l'autoriser sans sommation préalable adressée au
mari, à cause de son absence ou de son incapacité à
autoriser. L'autorisation de justice doit être spéciale,
antérieure ou concomitante à l'acte auquel elle s'applique. Les deux parties peuvent faire appel devant la
Cour du jugement qui accorde ou refuse l'autorisation,
d'après les règles établies pour les appels des jugements rendus par les Tribunaux de première instance.
C'est à la Cour d'appel ou à la Cour de cassation que
l'autorisation doit être demandée, s'il s'agit pour la
femme d'ester en appel ou en cassation.

CHAPITRE III

Effets de l'autorisation donnée à la femme mariée par le mari ou par justice.

A l'égard de la femme l'autorisation du mari ou de
justice lui donne une pleine et entière capacité ; elle
peut désormais figurer à tous les actes qui l'intéressent dans les limites de l'autorisation ; elle ne saurait
les attaquer sous prétexte que l'autorisation en vertu
de laquelle elle les a passés lui a été accordée contrairement à ses intérêts ; tout son patrimoine devient
le gage de ses créanciers. Peu importe que la femme
fasse avec un tiers une affaire qui est dans l'intérêt
du mari ou qu'elle fasse directement avec son mari
un acte qui améliore la condition de celui-ci ; l'autorisation rend l'acte valable ; car, la loi ne se défie
pas de la faiblesse de la raison de la femme, elle
suppose que la femme comprend ce qu'elle fait, et
l'autorisation n'est exigée que dans l'intérêt de la
conservation de la paix dans le ménage et du respect
de la puissance maritale. Or, elle ne périclite en rien
quand le mari donne à sa femme son assentiment pour

un acte dans lequel il est intéressé directement ou indirectement. Ainsi, il peut lui donner un mandat général (A. 1990) d'administrer ses propres biens à lui mari, même tacite, en la préposant à son ménage et à son commerce, et indirectement par là le mari donne à la femme l'autorisation d'engager sa propre fortune à elle, mais la paix du ménage est sauvegardée. Ce mandat est valable à l'égard des tiers et dans les rapports de la femme avec le mari. Si la femme accepte ce mandat, elle oblige le mari envers les tiers et elle-même envers le mari. La maxime : « *Nemo potest esse auctor in rem suam* » ne s'applique que lorsque le mineur non émancipé est engagé dans une affaire où son tuteur a des intérêts différents du sien, ou bien quand le mineur émancipé, l'interdit, le pourvu d'un conseil judiciaire sont dans la même situation à l'égard de la personne dont ils dépendent. En dehors de ces quatre cas, elle ne s'applique point. Il n'y a qu'un cas, celui de l'article 2144, où la femme autorisée ne peut concéder certains avantages au mari ; c'est quand celui-ci veut faire restreindre l'hypothèque légale de sa femme, mais cette exception confirme la règle.

A l'égard des tiers quelle est la situation de la femme autorisée par le mari ou par justice ? ont-ils des droits contre le mari ou contre la femme seule ? A Rome, le tuteur n'était pas obligé personnellement quand il autorisait le pupille ; il en est de même en France du tuteur, du curateur du mineur émancipé. Relativement à la femme mariée, il y a deux principes qui dominent la matière ; quant aux détails de l'application, nous les avons vus en partie successivement au fur et à mesure que avons étudié l'incapacité de la femme dans les régimes matrimoniaux qui l'atténuent. Voici ces deux principes qu'il faut mettre en lumière :

Premier principe. — Quand l'autorisation est donnée à la femme par justice, les tiers, règle générale, ne peuvent recourir contre le mari, sauf quand le mari, faute d'inventaire, a laissé confondre les biens de sa femme avec ceux de la communauté et les siens propres ; le créancier de la femme ne pouvant alors distinguer les biens qui lui appartiennent des autres, a le droit de poursuivre sur tous le recouvrement de ce qui lui est dû (A. 1413, 1414, 1417, 1418, 1419, 1555). D'après l'article 1427 exceptionnellement, la femme autorisée seulement de justice oblige le mari, s'il y a communauté entre eux, pour tirer le mari de prison ou établir des enfants communs pendant l'absence présumée ou déclarée du mari. Sauf ces deux cas, les dettes contractées par la femme autorisée de justice, même sous le régime de communauté, n'ont aucun effet obligatoire contre la communauté. Elles laissent réservée à cette communauté l'usufruit des biens propres de la femme en bornant l'action des créanciers sur la nue propriété seulement des biens propres de la femme. Même solution sous le régime exclusif de communauté et sous le régime dotal. La femme, en donnant ses biens dotaux pour l'établissement des enfants qu'elle aurait eus d'un mariage antérieur, si elle n'est autorisée par la justice, doit en réserver la jouissance à son mari.

Deuxième principe. — En général, le mari autorisant sa femme à s'obliger ne s'oblige pas lui-même, il ne fait qu'habiliter sa femme désormais pleinement capable. Cependant quand le mari autorise sa femme à aliéner un bien à elle appartenant et dont il a le droit de jouir d'après le contrat de mariage, cela équivaut à une renonciation à son droit et permet à la femme d'aliéner la pleine propriété de ce bien, à moins que le mari n'ait spécifié qu'il autorise sa femme à aliéner seulement la nue propriété. Si la femme n'aliénait le susdit bien qu'avec l'autorisation de justice, elle n'en pourrait aliéner que la nue propriété. L'autorisation de justice rend bien la femme capable de s'obliger valablement, elle et sa propre fortune, mais sans jamais préjudicier aux droits que le mari peut avoir sur ces biens en vertu du contrat de mariage.

Nous noterons seulement les deux exceptions les plus remarquables, l'une à la capacité de la femme autorisée par le mari, l'autre à la non responsabilité du mari autorisant.

Première exception. — Sous le régime dotal avec dot, les engagements pris par la femme autorisée de son mari ou de justice ne peuvent pas s'exécuter sur les immeubles dotaux, même si le mari s'est engagé à côté de sa femme. S'obliger c'est aliéner indirectement : donc l'incapacité d'aliéner même avec autorisation entraîne celle de s'obliger avec autorisation. Mais cette incapacité d'aliéner et de s'obliger n'est pas complète et absolue; elle comporte une foule de distinctions et cesse pour certains cas (A. 1554, 1555). Les conséquences de cette incapacité d'aliéner sont aussi différentes , suivant que la dot est mobilière ou immobilière, et cette incapacité d'aliéner les immeubles dotaux engendre aussi leur imprescriptibilité (1560, 1561). Mais ce serait sortir du cadre de cette étude que d'insister davantage en ce moment sur ces divers points.

Deuxième exception. — Sous les régimes de communauté légale ou conventionnelle ou même d'acquêts, toutes les fois que la femme autorisée par le mari s'oblige, la communauté est obligée, et par conséquent le mari l'est aussi, à moins qu'il ne s'agisse de l'acceptation d'une succession purement immobilière échue à la femme, ou de la vente d'un de ses immeubles propres, ou de l'autorisation donnée par le mari à la femme de doter sur ses biens propres un enfant d'un autre lit, ou même un enfant commun, mais personnellement (A. 1469). Si c'était avec l'autorisation de justice, la femme commune en biens n'obligerait qu'elle seule, sauf les deux exceptions ci-dessus notées. Rien de

9*

plus juste que la règle antérieure ; en effet, sous ce régime, la loi accorde à la communauté la jouissance de tous les revenus et de tous les bénéfices de l'industrie de la femme; il est donc équitable qu'en revanche, elle subisse les conséquences des actes de la femme autorisée, qu'elle soit tenue de ses engagements et de ses dettes; en un mot, qu'elle participe aux charges suivant la maxime : *ubi emolumentum, ibi onus esse debet.* Or, comme le mari, chef de la communauté et par le consentement duquel la femme a passé les actes ou fait le commerce, est tenu personnellement et sur ses propres biens des dettes de la communauté, à cause de la confusion qui existe pendant le mariage entre ses biens et les biens communs, les obligations de la femme commune ou commerçante réfléchissent sur le mari autorisant (A. 1419). La communauté, elle aussi, est tenue non plus pour la nue propriété, mais pour la pleine propriété, à moins que le mari n'ait écarté cet effet de son autorisation par une réserve expresse ; car alors le tiers qui a accepté cette réserve a su ce qu'il faisait, et il ne peut plus poursuivre que la nue propriété des biens communs et des propres du mari, comme s'il n'y avait eu qu'autorisation de justice. Il faudrait soutenir la même solution que ci-dessus, c'est-à-dire que le mari sera tenu des dettes de sa femme autorisée par lui, pour le cas où la femme mariée sous le régime exclusif de communauté ou dotal, rien qu'avec des biens dotaux, feraitle commerce avec l'autorisation de son mari, si l'on admettait à tort que les bénéfices du commerce de la femme en pareil cas, appartiennent en totalité au mari ; or, ce qui lui appartient, ce sont seulement les intérêts de ces bénéfices une fois capitalisés : donc, les créanciers de la femme commerçante mariée sous ces régimes n'atteindront que les biens personnels de la femme, qui peuvent être saisis et vendus, sauf les immeubles dotaux inaliénables, mais ils devront respecter les droits de jouissance du mari.

Si le régime adopté est le régime dotal avec dot et paraphernaux tout ensemble, les bénéfices réalisés sont paraphernaux, et le mari n'a pas même droit aux intérêts de ces bénéfices capitalisés, que les créanciers de la femme commerçante peuvent saisir comme les capitaux eux-mêmes. Le mari ne serait pas censé avoir renoncé à son usufruit sur les biens dotaux en autorisant sa femme à faire un acte relatif à ses biens paraphernaux, du moins quand les biens dotaux sont inaliénables. Au contraire, d'après l'article 1413, si ces biens dotaux sont aliénables. Dans ce cas, si le mari veut rester absolument étranger aux conséquences d'un acte fait par sa femme autorisée, il doit laisser la justice l'autoriser et ne pas le faire lui-même.

Si la femme autorisée ou commerçante est mariée sous le régime de séparation de biens ou dotal rien qu'avec des paraphernaux, le mari autorisant, comme nous l'avons déjà vu, n'est pas responsable des engagements que la femme a contractés pour l'administration de sa fortune personnelle ou pour son négoce. En effet, sous ces deux régimes matrimoniaux, la femme a seule le droit de disposer de ses revenus qui ne sont pas dotaux et des gains qu'elle réalise dans le commerce ou par son industrie.

CHAPITRE IV

Conséquences du défaut d'autorisation maritale ou de justice.

Nous examinerons les conséquences du défaut d'autorisation maritale ou de justice, d'abord pour les actes judiciaires, puis pour les actes extra-judiciaires.

Actes judiciaires. — Dans ce cas, il y a un vice de procédure si l'autorisation n'a pas été donnée régulièrement, et on le fera valoir selon le droit commun, mais avant l'expiration des délais dans lesquels doivent

être exercées les voies de recours contre les jugements en général. Voici les trois principales règles de
la matière : 1° Les jugements rendus contre la femme
non autorisée peuvent être attaqués pour ce motif par
les voies ordinaires de recours, en tout état de cause
et même en cassation, pour la première fois, si on n'a
pas fait valoir ce moyen devant les juridictions ordinaires (1). 2° Les jugements obtenus par une femme
non autorisée ne peuvent être attaqués pour ce motif
par la partie contre laquelle ils ont été rendus. 3° Le
défendeur assigné par la femme non autorisée peut
réclamer, tant que la contestation n'a pas été définitivement jugée, que la femme rapporte l'autorisation de
son mari, faute de quoi on la déclarera non recevable.

Actes extra-judiciaires. — Dans l'ancien droit,
selon Pothier (2), l'engagement pris par la femme
non autorisée était frappé de nullité absolue, c'est-à-
dire d'une nullité invocable par tous les intéressés,
mari, tiers, femme et leurs ayans cause à chacun.
Pas de ratification possible, ni par le mari, ni par la
femme devenue veuve : il fallait un acte nouveau. De
la sorte, la femme non autorisée et son cocontractant
étaient retenus dans l'obéissance à la loi, sachant qu'ils
ne pouvaient atteindre aucun résultat par un acte fait
sans autorisation. C'était sanctionner énergiquement
la paix du ménage et le respect dû à la puissance maritale. Sous l'empire du Code civil, le contrat n'est
entaché de nullité qu'à l'égard de l'incapable, qui seul
peut le maintenir ou le faire tomber, selon les articles
225 et 1125. En principe, les actes faits par la femme
non autorisée sont frappés d'une nullité purement
relative, qui provient uniquement d'un défaut de capacité. La nullité résultant du défaut d'autorisation est
proposable en tout état de cause, mais elle ne peut
être prononcée d'office par le juge. Les personnes

(1) C. de C., 4 août 1881. S. 85, 1, 477.
(2) *De la Communauté*, N° 143.

capables, avec qui la femme non autorisée a traité, ne peuvent opposer l'incapacité de la femme avec qui ils ont contracté ; c'est d'elle que dépend le sort du contrat ; elle peut, pourvu qu'elle soit autorisée ou veuve, soit le tenir pour bon, soit le réduire à néant ; les tiers auraient dû s'assurer qu'elle était régulièrement autorisée ; ils n'ont pas le droit de se plaindre. On se demande si le tiers ayant exécuté le contrat peut interpeller la femme ou ses représentants après la dissolution du mariage, pour choisir *hic et hunc* entre la nullité et la validité du contrat, ou même interpeller la femme et le mari pendant le mariage. M. Demolombe (1) se prononce pour l'affirmative. Ce qui est certain, c'est que les tiers peuvent refuser d'exécuter le contrat, s'ils ne l'ont pas encore fait ; car, peuvent-ils dire, d'après l'article 1653, si vous dissipiez sans profit, nous perdrions ce que nous vous aurions livré : donc, faites-vous autoriser par qui de droit, si au lieu de vouloir la nullité du contrat vous tenez à le maintenir et à le faire exécuter. Si l'on traite avec une femme non autorisée, le contrat est donc susceptible d'être annulé et le sera si on en invoque la nullité ; le cocontractant perd donc son action contre la femme, mais il garde contr'elle une créance naturelle. Si la femme paie, selon l'article 1235, elle ne peut répéter.

Dans cette matière, trois catégories de gens doivent être considérés comme incapables, même quatre, et partant toutes ces personnes peuvent demander la nullité de l'acte incriminé : 1° la femme mariée non autorisée ; 2° les ayans cause (héritiers, créanciers) ; 3° le mari aussi et surtout, puisque son autorité a été méconnue ; 4° peut-être les ayans cause du mari. Il faut remarquer, dit-on, que la femme et ses ayans cause agissent en nullité dans un intérêt pécuniaire ; le mari, au contraire, dans un intérêt

_____

(1) *Cours de Code Napoléon*, 4ᵉ vol., N° 346.

moral. Qu'en résulte-t-il? Le mari seul peut exercer ce droit tant que dure le mariage, puisque la dissolution du mariage fait cesser sa puissance au mépris de laquelle l'engagement attaqué a été contracté, et non plus après la dissolution du mariage, car ses intérêts pécuniaires n'ont pas été lésés par l'acte de la femme non autorisée. Les ayans cause, héritiers et créanciers, ne peuvent donc jamais exercer le droit du mari de demander la nullité qui cesse avec le mariage. Mais pourquoi, s'il en est ainsi, l'art. 225 parle-t-il des héritiers du mari? C'est une erreur des rédacteurs du Code civil, répondra-t-on. Pas d'intérêt, pas d'action pour les ayans cause du mari, héritiers ou créanciers.

Cette doctrine n'est pas exacte, dit Marcadé (1). Qu'une femme commune en biens renonce sans autorisation à une succession qui devait mettre dans la communauté, en vertu de l'article 1401, des valeurs mobilières considérables; il est clair que le mari et après lui ses héritiers auront un intérêt pécuniaire à faire annuler la renonciation pour augmenter d'autant l'actif de la communauté, à la moitié de laquelle ils ont droit pour le moins, si la femme ne renonce pas. Il faut même aller plus loin : aux créanciers aussi appartiendra l'action en nullité du mari, quand elle est fondée sur des intérêts pécuniaires, comme dans l'exemple précédent, attendu qu'en vertu des articles 1166 et 2092, tous les biens d'un débiteur forment le gage de ses créanciers. M. Demolombe (2) dit que, dans ce cas, le mari et ses héritiers exercent l'action en nullité comme créanciers ayans cause de la femme ; que les héritiers ne l'exercent pas comme héritiers du mari mais à ce titre, et que d'ailleurs le mari, au refus de la femme, peut accepter pour

(1) *Explication du Code Napoléon*, 1er vol., titre 5. *Du mariage*, Chapitre VI, Section III, N° 752.
(2) *Cours de Code Napoléon*, 4me vol., N° 341.

le compte de la communauté la succession mobilière
échue à la femme ; mais peu importe à quel titre les
ayans cause du mari exercent l'action en nullité ; pourvu
qu'ils aient le droit de le faire, l'article 225 est justifié.
On peut aussi supposer une aliénation de propres
consentie par la femme, d'où serait résulté pour le
mari ou pour la communauté une perte de revenus ;
les héritiers du mari pourraient faire annuler l'aliénation, autant que cette aliénation leur procurerait
le droit de répéter les revenus dont ils auraient été
privés (1). De même les créanciers du mari oppose-
ront la nullité, s'ils trouvent quelque avantage à le
faire, dans le cas où les créanciers de la femme invo-
queront l'article 1464, pour attaquer comme fraudu-
leuse la renonciation faite à la communauté par cette
femme ou par ses héritiers. Au contraire une action
en séparation de corps ou en divorce est personnelle
au mari, et s'il ne veut pas l'exercer lui-même, elle
ne saurait passer à ses ayans cause, créanciers ou
héritiers, parce qu'elle a un caractère avant tout
moral et non pécuniaire. Il n'en est pas de même des
actions en nullité dont nous nous occupons.
D'ailleurs si la femme sans autorisation a acquis à
titre gratuit par donation, legs ou succession, ou bien
s'est fait constituer un droit d'usufruit, d'hypothèque
ou une servitude réelle sur les biens d'autrui, après la
dissolution du mariage, ni le mari, ni *à fortiori* ses
ayans cause ne peuvent intenter l'action en nullité qui
appartenait au mari pendant le mariage, à cause du
mépris de son autorité, si leurs intérêts pécuniaires
n'ont pas été lésés par cet acte même non autorisé.
Il faut donc faire une distinction, accorder l'action
en nullité qui appartenait au mari, même à ses ayans
cause, héritiers ou créanciers, s'ils ont un intérêt pécuniaire à l'intenter, et sinon la leur refuser. Dans cette
mesure, nous admettons les créanciers du mari à exercer
l'action en nullité aussi bien que ceux de la femme ;

(1) VALETTE. *Cours de Code civil*, T. Ier, p. 356.

mais la caution ne pourrait le faire, car on peut cautionner une obligation annulable (A, 2013-2036). En tout cas, les tiers qui ont traité avec la femme non autorisée ne peuvent point invoquer l'annulabilité de l'acte passé avec elle.

1° En général, la nullité des actes passés par la femme non autorisée est purement relative : donc elle est susceptible d'être couverte par une ratification expresse ou tacite ; en effet, l'incapable peut ne pas se plaindre et ne pas intenter l'action en nullité qui lui appartient. La question est de savoir qui peut ratifier l'acte ou le contrat passé par la femme non autorisée. Le mari et la femme, en connaissance de cause, peuvent ratifier de concert entre eux ce que la femme avait fait seule indûment, sans procéder à un nouveau contrat, à un nouvel acte. Il en serait de même si la femme ratifiait avec l'autorisation de son mari, qui est alors considéré comme ayant ratifié lui-même. Si la femme ratifiait avec autorisation de justice seulement, cette ratification ne serait pas opposable au mari, qui conserverait son action en nullité, tandis que celle de la femme serait éteinte.

2° La femme non autorisée ne peut ratifier à elle seule pendant le mariage, car ce serait perdre, aliéner une action en nullité : or, elle ne peut aliéner sans autorisation du mari ou de justice pendant le mariage (A. 1338). Avant la dissolution du mariage (1) la ratification par la femme seule ne signifierait rien, puisque sans autorisation du mari elle ne peut aliéner; si elle ratifie avec l'autorisation de justice pendant le mariage, la nullité est couverte, comme nous venons de le voir, à l'égard de la femme et de ses représentants, mais non pas à l'égard du mari et de ses représentants, Après la dissolution du mariage (2), la femme à elle seule peut ratifier expressément ou tacitement, mais l'acte validé à son égard et à l'égard de ses ayans

(1) Limoges, 29 janvier 1879. S., 1879, 2, 232.
(2) Cass., 25 novembre 1878. S., 1879, 1, 67.

cause reste annulable pour les ayans cause du mari, qui ont à cela un intérêt pécuniaire, comme il le reste pour le mari si la ratification de la femme a eu lieu pendant le mariage, malgré lui, mais avec l'autorisation de justice. La prescription de l'action en nullité s'opère par dix ans. Le point de départ pour le mari c'est le jour où il a eu connaissance de l'acte ; pour la femme, ce n'est que le jour de la dissolution du mariage : on veut éviter le trouble de la paix du ménage qui serait causé par l'aveu que la femme serait obligée de faire de la faute commise qu'elle essaiera de dissimuler. Peut-être faut-il dire la même chose du mari, car il peut vouloir éviter un procès et la colère de sa femme : *Furens quid fœmina possit !*

3° Le mari seul ne peut ratifier un acte fait par la femme autorisée. On soutient cependant l'affirmative si la ratification a lieu pendant le mariage et avant toute action en nullité régulièrement introduite par la femme. Cette ratification ne valide l'acte qu'à l'égard du mari seul et non à l'égard de la femme qui a agi non autorisée et qui n'a pas ratifié personnellement. On soutient que l'acte est validé à l'égard des deux conjoints. En effet, dit-on, l'acte subsiste tant qu'il n'est pas cassé, puisqu'il est simplement vicieux et annulable ; quand le consentement postérieur du mari arrive, il y a réunion des deux volontés de la femme et du mari sur le même point et désormais le vice est couvert ; l'acte réunit les conditions voulues pour sa validité. Si le consentement du mari arrivait seulement après la dissolution du mariage, ce consentement rendrait bien l'acte inattaquable par le mari et par ses ayans cause, mais il resterait sans effet pour les héritiers et autres ayans cause de la femme (1). La

(1) Voir pour et contre. Aubry et Rau. *Cours de Droit civil*, par. 472, note 118. — Valette *Sur Proudhon*, tome I, p. 467, not. 6.— Colmet de Santerre, t. V, N° 265 *bis. Cours analytique de Code civil.* — Marcadé, *Explication du Code civil*, sous l'article 1304, N° 876. — Demolombe. *Cours de Code Napoléon*, 18, p. 211. — Orléans, 6 juin 1868, S. 1869, 2, 231.

jurisprudence est sur le premier point d'un avis contraire, et cela dans l'intérêt de la femme, qui conserve
ainsi pour elle et pour ses ayans-cause l'exercice de
l'action en nullité. On peut dire dans ce sens que l'incapacité de la femme n'est pas organisée seulement
dans l'intérêt du mari, mais aussi et surtout dans l'intérêt personnel de la femme. Il faut donc conclure :
l'autorisation maritale peut être donnée avant et pendant l'affaire ; elle ne peut être donnée après, ou du
moins cette autorisation postérieure valide l'acte à
l'égard du mari et le laisse annulable à l'égard de la
femme. Si la femme n'intente pas l'action en nullité qui
lui appartient, son silence prouve qu'elle n'ose pas en
demander l'autorisation au mari, de peur de lui révéler le manquement dont elle s'est rendue coupable
envers lui et non qu'elle persiste dans le consentement illicite qu'elle a donné au contrat, n'étant pas
autorisée au moment de sa passation.

Il reste un point à élucider : celui de savoir ce qu'il
faut décider si, dans l'acte dépourvu d'autorisation, la
femme mariée s'est fait passer pour non mariée ou pour
veuve. L'annulation de l'acte ne devra pas être prononcée au profit de la femme en question, à moins qu'il
ne résulte des faits de la cause qu'il y a à reprocher
au tiers cocontractant une grave négligence (A. 1310).
Personne, ni la femme mariée non autorisée, ni le
mineur, ne peut être restitué contre des faits fraudu-
leux. *Fraus omnia corrumpit.* En aucun cas, la fraude
commise par la femme non autorisée ne pourrait
priver le mari de l'action en nullité qui lui appartient.
Une dernière difficulté vient du point de savoir ce
qu'il faut décider si la femme mariée non autorisée
passait aux yeux de tous pour fille majeure ou veuve.
La maxime *Error communis facit jus* est applicable
ici ; l'acte est valable à l'égard de la femme si cette
erreur des tiers est le résultat d'un dol de la femme,
sinon non, et la maxime cesse d'être applicable. De là

on peut tirer cette conclusion pratique. Dans ces conditions, c'est-à-dire si la femme a usé de dol à l'égard des tiers, pour se faire croire capable d'exercer le commerce, et si d'autre part elle a fait des actes de commerce sa profession habituelle, elle pourra être déclarée en faillite, le mari n'étant pas d'ailleurs complice de la fraude. C'est sacrifier l'intérêt du mari à celui des tiers. J'inclinerai à croire que le tribunal saisi de l'affaire devra la décider d'après les circonstances de fait, voir qui est le plus coupable d'imprudence, du mari pour avoir laissé la femme faire le commerce à son insu, ou des tiers pour s'être laissé duper par la déclaration mensongère de la femme.

Prétendus cas de nullité absolue. — Il est, dit-on, des cas où le défaut d'autorisation du mari rend l'acte de la femme non autorisée non pas simplement annulable, mais nul ; par exemple, si la femme accepte ou fait une donation (A. 931 et suivants), car la donation est soumise à des formes sévères dont l'inobservation fait obstacle non-seulement à la validité, mais à l'existence même de la donation. Donc le donateur peut intenter l'action en nullité de la donation à quelque époque que ce soit et non pas pendant dix ans seulement (1). L'article 934 fait exception aux articles 217, 219 et 225; si non il eût été inutile ; il a voulu déroger à la règle générale posée par ces articles. La place de cet article au milieu de dispositions qui contiennent toutes la nullité absolue montre bien qu'il est conçu dans le même esprit. Enfin, dans le doute, il faut décider en faveur de l'intérêt moral du mari et de la femme qui demande la nullité absolue. Du reste la nullité relative serait ici comme si elle n'existait pas ; car la femme n'aurait pas d'intérêt,

(1) AUBRY et RAU. *Cours de droit civil*, tome 5, par. 472, note 105. — OUDOT. *Du droit de famille*. — COLMET DE SANTERRE. *Cours analytique de Code civil*, t. 5, Nᵒˢ 38 et 39, t. 4, Nᵒ 73 *bis*. — C. de Cass., 14 juillet 1856, S. 1856, 1, 641.

sauf le cas d'exécution des charges, à invoquer la
nullité, et le mari, ignorant la donation, ne le pourrait
faire. Donc toute nullité en matière de donation pour
être sérieuse doit être absolue. De même en matière
de compromis (A. 1004 du Code de procédure civile).
De même encore, en matière d'acceptation de succession par la femme non autorisée, l'article 776 établit
une nullité absolue, invocable par tous les intéressés
et non pas relative, c'est-à-dire invocable par la femme
et non contre elle. Les raisons données ci-dessus ne
semblent pas suffisantes pour faire échec au principe
général qui admet uniformément dans tous les cas une
nullité simplement relative, pour cause d'incapacité
et, selon le droit commun, dans l'intérêt des incapables seulement (A. 225, 1125). L'A. 928 n'exige une
acceptation régulière que pour la perfection et non
point pour l'existence même de la donation. L'article 934 ne prouve rien, ni par sa place, ni par la
règle qu'il donne. Il fournit même un argument décisif
en faveur de la nullité relative, puisqu'il renvoie aux
A. 217 et 219. Or, l'A. 217 place sur la même ligne l'acquisition à titre gratuit et l'acquisition à titre onéreux,
pour laquelle il ne peut être question que de la nullité relative ; donc l'A. 934 ne déroge pas à 1125
puisqu'il renvoie à 217, qui lui-même doit s'interpréter d'après 225 (1). Le défaut d'autorisation maritale
ne constitue pas plus un vice de forme dans la donation consentie à la femme que dans la donation consentie par elle à un tiers. Or, ici la donation n'est pas
nulle pour vice de forme, mais simplement entachée
de nullité relative ; il en doit être de même dans le cas
de l'A. 934 ; c'est toujours une question de capacité
et partant une nullité simplement relative. La dona-

(1) Demolombe. *Cours de Code Napoléon*, tome IV, parag. 348,
349. — Larombière. *Théorie et pratique des obligations*, sous l'A.
1125, Nos 5 et 6. — Mourlon. *Répétitions écrites sur le Code Napoléon*, 2e vol., No 673.

tion, n'étant pas nulle en la forme, n'a donc pas besoin d'être refaite en la forme légale, selon l'A. 1339 ; à l'égard du donateur, elle est très dûment acceptée ; le donateur est lié irrévocablement par l'acceptation de la femme même non autorisée et ne peut se prévaloir de l'incapacité de la donataire. Les autres raisons alléguées en faveur de la nullité absolue n'étant pas juridiques ne peuvent faire croire que l'article 934 a voulu déroger au principe général de la nullité relative.

Ratification tacite. — Quand le mariage est dissous sans qu'aucun des époux ait ratifié, le contrat entaché de nullité relative pour défaut d'autorisation est ratifié si pendant les dix ans qui ont suivi la dissolution du mariage la femme ou ses ayans cause n'intentent pas l'action en nullité. C'est une ratification tacite présumée par une prescription de dix ans. Celui qui laisse écouler un aussi long délai sans intenter l'action en nullité qui lui appartient est à bon droit considéré comme y ayant renoncé. Supposons la nullité prononcée à la requête de la femme, ou du mari, ou de leurs ayans cause. Voici quelles en seront les conséquences. C'est comme s'il n'y avait jamais eu de contrat. Si c'était un acte unilatéral, par lequel la femme mariée non autorisée fût seule obligée, comme une donation, le jugement qui prononcerait la nullité rétablirait les choses dans leur état antérieur. S'il y a eu des engagements réciproques, la femme non autorisée a donné mais aussi reçu en échange. On ne peut pas dire que le contrat n'est annulé qu'à l'égard de la femme. S'il en était ainsi, elle reprendrait ce qu'elle a donné, sans rendre ce qu'elle a reçu, comme un mineur qui a vendu un sien immeuble sans les autorisations voulues et qui a dissipé le prix de l'objet vendu sans droit ; il reprend l'objet et ne doit pas restituer le prix. Il en est autrement pour la femme non autorisée qui fait annuler son obligation ; elle doit restituer ce qu'elle a reçu pour pouvoir reprendre ce qu'elle a donné; la bonne foi le veut, et de plus, la femme mariée non autorisée n'est pas dans la même situation que le mineur et ne doit donc pas lui être assimilée sur ce point.

Situation particulière de la femme dotale, surtout à partir de la séparation de biens, quant à l'exercice de l'action en nullité. — En vertu de l'article 1660, toute aliénation d'immeubles dotaux faite en dehors des cas exceptionnels prévus par les articles 1555 et 1559 est révocable, qu'elle ait été faite par l'un des époux seulement, mari ou femme, ou par les deux époux conjointement.

Premier point. — Si la femme dotale a aliéné un immeuble dotal en dehors des cas où cela lui est permis et si elle l'a fait sans l'autorisation de son mari, sans doute l'aliénation n'est pas inexistante, mais il y a deux nullités pour une : 1º d'abord celle pour incapacité dotale, qui lui est commune avec le mari et qui lui interdit en principe d'aliéner les immeubles dotaux; 2º puis l'incapacité générale de la femme mariée, qui lui interdit d'aliéner ses immeubles, sous un régime matrimonial quelconque, sans l'autorisation du mari ou de justice.

Deuxième point. — Si la femme dotale a aliéné ses immeubles dotaux en dehors des cas prévus par la loi, mais autorisée à cet effet, les principes veulent que l'inaliénabilité dotale ne soit qu'une incapacité de la femme : c'est donc un incapable qui a aliéné sans droit; l'acte est entaché d'une nullité purement relative, par conséquent susceptible de confirmation, mais cette confirmation ne doit pas être entachée du même vice que l'acte confirmé : donc elle ne peut être valable que si elle est faite à une époque où l'immeuble dotal est redevenu aliénable, c'est-à-dire après la dissolution du mariage. La femme peut donc alors renoncer à invoquer cette nullité et réclamer du mari ou de ses héritiers une indemnité pour la valeur des immeubles aliénés ; cette indemnité est garantie par son hypothèque légale. Quand la liquidation des droits respectifs des époux rend la femme créancière de son mari, elle a, sous le régime dotal comme sous tous les autres, pour la sûreté de sa créance, une hypothèque légale (A. 2121, 2135). Cette hypothèque garantit toutes les créances que la femme peut avoir sur son mari, à quelque titre que ce soit, et frappe les biens acquis par le mari, même depuis la dissolution du mariage, mais non pas les biens personnels des héritiers du mari. Par conséquent la femme peut, même pendant le mariage et par mesure conservatoire, demander dans les ordres ouverts sur le mari une collocation provisoire ou éventuelle pour le montant de cette indemnité, mais non définitive tant que dure le mariage, car pendant le mariage elle ne peut substituer une dot mobilière à ses immeubles dotaux, mais si après la dissolution du mariage (1). Quand il s'agit d'aliénations faites par le mari avec le concours de la femme, elle n'est pas réduite à l'action en nullité de ces aliénations indues. Elle peut opter entre la révocation et l'indemnité pour le cas où, après la dissolution du mariage, elle jugerait convenable de demander seulement la restitution du prix d'aliénation de ses immeubles dotaux indûment aliénés qui a été touché par son mari. Ce droit d'option appartiendra aux héritiers de la femme comme à elle-même, et à l'encontre non pas seulement du mari, mais de ses héritiers. La femme a intérêt à se contenter d'une indemnité dans le cas où l'immeuble aliéné aurait péri ou subi des dégradations par le fait de l'acquéreur devenu insolvable, ainsi que dans le cas où cet immeuble n'aurait plus, à la dissolution du mariage, qu'une valeur inférieure au prix de l'aliénation indument consentie. Les créanciers du

(1) Voir Aubry et Rau. *Cours de droit civil*, t. 5, parag. 537. Notes 27 et 28.

mari ne peuvent s'opposer à ce que la femme renonce au droit de faire annuler l'aliénation pour invoquer contre eux son hypothèque légale; car ils n'ont pas le droit de faire valoir la nullité purement relative de cette aliénation, mais seulement l'incapable c'est-à-dire la femme. Cette hypothèque prend rang à partir de la vente, dont on déterminera la date ainsi qu'il suit: si l'acte est sous seings privés, il faut qu'il ait acquis date certaine à l'égard des tiers, c'est-à-dire des autres créanciers hypothécaires. Pour le remploi des propres, l'hypothèque date du jour où l'aliénation a eu lieu, et cet acte doit avoir date certaine; mais si les époux ne sont pas mariés sous le régime de la communauté, si, comme dans notre hypothèse, le mari vend indûment de concert avec sa femme un immeuble dotal, quelle sera la date de l'hypothèque légale de la femme? La jurisprudence (1) prétend que l'hypothèque qui garantit cette créance de la femme contre le mari, part du mariage. L'article 2135, dit-elle, ne vise que la communauté, par le régime dotal; donc il faut revenir à la règle générale énoncée au commencement du paragraphe 2 de l'article 2135. Cette solution est trop absolue, il faut faire une distinction. Le contrat de mariage peut constituer au profit du mari un immeuble dotal, avec ou sans obligation de remploi; alors l'hypothèque prend rang du jour de la célébration du mariage. Si le contrat de mariage rend l'immeuble aliénable ou ne permet de l'aliéner qu'avec l'intervention de la femme, l'hypothèque ne remonte qu'au jour de l'aliénation de cet immeuble; car il faut éviter une connivence de la femme avec le mari pour tromper les tiers; si l'hypothèque, dans ce cas, remontait au jour de la célébration du mariage, le mari dirait à la femme d'emprunter ou de vendre avec lui, et la femme primerait

(1) Nimes, 28 janvier 1879, S. 1879, 2, 263. — PERSIL. *Régime hypothécaire*, ch. 3, sect. Ire.

lès tiers à qui le mari aurait consenti une hypothèque
après la célébration du mariage (1). Au contraire,
si l'acte de la femme n'est pas potestatif mais forcé,
alors il est juste que son hypothèque remonte au jour
de la célébration du mariage. La jurisprudence (2) oppose à la solution précédente la règle générale ; mais
le mot dot de l'article 2135, 2me paragraphe, ne comprend pas le prix des immeubles personnels de la
femme, propres ou dotaux, rien que les sommes mises
à la disposition du mari dès le jour de la célébration du
mariage. Si l'hypothèque remontait à ce jour-là, ce
serait contredire le texte de l'article 2135; le mot dot
ainsi interprété devrait aussi comprendre les succes-
sions et donations, ce qui n'est pas, d'après le 3me paragraphe du même article 2135.

Quelles personnes peuvent se prévaloir de la nullité
de l'aliénation d'un immeuble dotal, opérée par la
femme autorisée du mari, en dehors des cas prévus
par la loi? 1° Jamais le tiers qui s'est porté acquéreur
de l'immeuble dotal, à moins cependant qu'on ait employé des manœuvres frauduleuses pour le tromper
sur le caractère dotal de l'immeuble vendu. *Fraus
omnia corrumpit.* Sinon, non: en effet, le défaut de
capacité n'engendre d'action qu'au profit des incapables. Le tiers acquéreur de l'immeuble dotal qui n'a
pas été victime d'un dol ne peut que refuser de payer
le prix s'il ne l'a pas fait encore, en invoquant le dan-
ger d'éviction qui le menace, conformément à l'article
1653. 2° L'article 1560 donne l'action au mari, non à
ses héritiers ou créanciers, car ce n'est pas une action
fondée sur un intérêt pécuniaire, mais sur un mandat
présumé de la femme dotale à son mari. Pendant toute
la durée du mariage, du moins jusqu'à la séparation
de biens, le mari a seul l'exercice des actions dotales.

(1) AUBRY ET RAU. *Cours de droit civil.* T. 3me, parag. 264 *ter*,
note 74.

(2) C. de Cass. 26 mai 1865, S. 1865, 1, 345.

Jusque là, aurait-il assumé personnellement une obligation de garantie, il peut néanmoins exercer l'action en nullité, malgré la maxime : *Quem de evictione tenet actio eumdem agentem repellit exceptio*, car il agit ici non pas en son nom personel, mais en qualité d'administrateur des biens dotaux, de chef de l'association conjugale: donc, ni ses héritiers après sa mort, ni ses créanciers avant, ne peuvent exercer cette action à sa place, en vertu de l'article 1166. La séparation de biens intervient. Désormais la femme dotale aura l'exercice de l'action en nullité, et le mari cessera de l'avoir, malgré les termes obscurs du 2me paragraphe de l'article 1560. En effet, la séparation de biens rend à la femme dotale une partie de sa capacité, moins entière cependant qu'aux autres femmes séparées de biens conventionnellement ou judiciairement. A partir de la séparation de biens, la prescription acquisitive ou usucapion court contre la femme dotale, sauf si l'action de la femme qui voudrait l'interrompre devait réfléchir contre le mari ; alors cette prescription serait suspendue, comme nous l'avons vu, jusqu'à la dissolution du mariage, mais la prescription décennale et libératoire de l'article 1304, que l'on voudrait invoquer contre l'action en nullité de l'aliénation de l'immeuble dotal, ne commence jamais à courir qu'à partir de la dissolution du mariage, comme nous le verrons plus bas. 3° Les créanciers de la femme dotale peuvent-ils faire révoquer l'aliénation d'un immeuble dotal ? Les créanciers avec qui la femme dotale a traité pendant le mariage, évidemment non ; car les immeubles dotaux de la femme ne sont jamais entrés dans leur gage. Si les créanciers de la femme dotale sont antérieurs ou postérieurs au mariage, ils peuvent agir au lieu et place de la femme pour faire révoquer l'aliénation. Cela est vrai, malgré controverse, même des créanciers chirographaires, à condition toutefois que l'immeuble dotal en question ait appartenu à la femme avant d'être constitué en dot, qu'il ait été constitué en dot par elle et non par un tiers. On dit, à tort, que l'inaliénabilité dotale n'a pas été établie au profit des créanciers de la femme, parce que la révocation de l'acte d'aliénation sera le plus souvent un acte de mauvaise foi, et qu'on ne peut permettre à de simples créanciers de la demander quand la femme ne la demande pas ; elle seule, dit-on, doit avoir la pleine liberté de se prononcer sur une question où sa conscience et sa bonne foi sont en jeu. On répond : les créanciers tiennent leur gage non de la volonté de la femme, mais de la loi. Bien plus, pour intenter l'action en nullité, ils n'ont pas besoin d'attendre, comme elle, la dissolution du mariage ou la séparation de biens, quoi qu'on dise : les créanciers de la femme ne sauraient avoir plus de droits qu'elle. Si, faut-il dire encore, puisqu'ils tiennent leurs droits de la loi et non pas d'elle. On a soutenu que la femme dotale n'est pas même tenue, quand elle poursuit la nullité de l'aliénation d'un immeuble dotal, de rembourser à l'acquéreur le prix par lui payé, à moins qu'il ne prouve que ce prix a tourné au profit personnel de la femme, ou bien, à moins qu'elle n'ait spécialement garanti, avec l'autorisation du mari, la vente de l'immeuble dotal ; dans ces deux cas seulement, le tiers acquéreur évincé pourrait réclamer la restitution du prix payé sur les biens paraphernaux de la femme. M. Colmet de Santerre (1) est d'un autre avis, parce que la femme ne doit pas s'enrichir aux dépens de ceux qui ont traité avec elle ; il faut appliquer ici l'article 1312. L'équité le veut absolument.

Ratification et prescription de l'action en nullité de la femme dotale après la séparation de biens. — D'après les principes généraux, la nullité relative de l'aliénation d'un immeuble dotal peut être ratifiée

(1) *Cours analytique de Code civil*, 1er vol., livre 1, titre 5, No 300 *bis* V, et 6e volume, 232 *bis* XX.

expressément ou tacitement, ou bien encore prescrite.
La femme peut avoir intérêt à ratifier si l'immeuble
dotal a diminué de valeur depuis l'aliénation ou s'il a
été vendu à un prix supérieur à sa valeur véritable.
D'ailleurs, elle peut considérer la ratification comme
un devoir de conscience. Si elle ratifie après la dissolution du mariage, il est certain que l'aliénation devient inattaquable ; elle est créancière du prix dont
elle peut exiger la restitution de la part du mari, s'il
l'a touché, et cette créance est garantie par l'hypothèque légale qui prend rang à dater de l'aliénation (1).

La femme dotale ne peut ratifier un acte contenant
vente ou bien cession de ses droits dotaux dès le
moment de la séparation de biens, tant que le mariage dure encore, mais rien qu'après la dissolution du
mariage, à moins que ce ne soit par testament (2).
Le tiers acquéreur de l'immeuble dotal ne peut pas
dire à la femme dix ans après la séparation de biens.
Je me suis libéré, je suis à l'abri de votre action en
nullité. La prescription acquisitive, l'usucapion est
seule possible à partir de la séparation de biens, en
principe, pas la prescription libératoire et décennale
de l'article 1304. Mais, dira-t-on, la femme dotale
après la séparation de biens a repris l'exercice des
actions dotales, et même sans cela, elle peut faire les
actes conservatoires sur son patrimoine, comme interrompre une prescription qui court contre elle ; la
prescription acquisitive de 10 à 20 ans, ou de 30
ans, n'est suspendue à son profit pendant le mariage
que si l'action que la femme dotale voudrait intenter
était de nature à réfléchir contre le mari ; par exemple,
si l'immeuble dotal a été aliéné par le mari seul, ou si
elle l'a aliéné elle-même seule sans autorisation ; car,
alors elle n'oserait pas intenter l'action, de peur de

(1) Limoges, 29 janvier 1879. S., 79, 2, 232.
(2) VAZEILLE. *Traité des prescriptions*, chapitre VI.

· révéler la faute dont elle s'est rendue coupable envers le mari ; dans ces deux hypothèses, la prescription acquisitive ne courra même pas contre la femme à partir de la séparation de biens, mais seulement si l'on est dans un cas autre que les deux précédents ; par exemple, si le mari a donné l'immeuble, si la femme l'a aliéné, autorisée, si le mari a vendu l'immeuble dotal seul aux risques et périls de l'acheteur, ou si le tiers s'est mis en possession lui-même ; car, dans tous ces cas, pas de réflexion possible de l'action en revendication de la femme contre le mari (A. 2256). A partir de la séparation de biens en dehors des cas marqués plus haut, la prescription acquisitive court contre la femme dotale dont l'immeuble dotal a été aliéné indûment. Pourquoi la prescription libératoire de l'action en nullité de l'aliénation de l'immeuble dotal ne court-elle pas selon l'article 1304 ? On répond : Parce que cette prescription équivaut à une ratification tacite ; or, que ratifierait la femme dotale ? Une aliénation irrégulière. C'est impossible ; car ce serait, pour ainsi dire, consentir une nouvelle vente ; or, l'immeuble est resté inaliénable malgré la séparation de biens. Ce serait donc violer indirectement le principe de l'inaliénabilité dotale. Cela ne sera possible que lorsque le mariage sera dissous et le bien redevenu aliénable. L'article 1561, qui dit que les immeubles dotaux deviennent prescriptibles après la séparation de biens, s'occupe de la prescription acquisitive ou usucapion de l'immeuble dotal par un possesseur qui le tient d'un autre que les époux, ou qui s'est mis lui-même en possession, et non de la prescription de l'action tendant à faire révoquer l'aliénation du susdit immeuble, objet exclusif des prévisions de l'article 1560. Donc l'article 2255, qui parle aussi de la prescription libératoire, a tort de renvoyer à cet article 1561, c'est à l'article 1560 qu'il devrait renvoyer comme parlant lui aussi de la prescription libératoire en question et non de la prescription acquisitive. Du reste, il n'y a là, comme on l'a démontré (1), qu'une erreur de numérotage. En réalité l'article 2255 renvoie non à l'article 1561, mais à l'article 1560. Il faut donc tenir pour certain que la prescription libératoire de l'article 1304 ne commence pas à courir au profit des tiers acquéreurs contre la femme dotale à partir de la séparation de biens, mais seulement à partir de la dissolution du mariage, quand l'inaliénabilité dotale aura disparu ; c'est le moment où le vice duquel naît l'action en nullité a disparu. Le vice tient à l'incapacité de la femme dotale, qui dure autant que le mariage (2) : donc la prescription libératoire ne commence à courir que lorsque cesse cette incapacité, c'est-à-dire quand le mariage lui-même a cessé. De plus, faut-il dire avec M. Colmet de Santerre (3), l'imprescriptibilité, étant en quelque sorte le corollaire de l'inaliénabilité, ne peut disparaître avant elle et par conséquent avant la dissolution du mariage. A partir de ce moment, la femme dotale peut ratifier l'aliénation et renoncer à l'action en révocation ; avant, non. Il semble que d'après ce qui précède on doive arriver à cette conclusion : A partir de la séparation de biens faisant suite au régime dotal, la prescription acquisitive court en principe contre la femme et en faveur des tiers. La prescription libératoire ne court jamais tant contre la femme qu'en faveur des tiers, avant la dissolution du mariage. C'est un résultat, il est vrai, assez étrange. La séparation de biens, qui fait cesser absolument tous les autres régimes matrimoniaux, ne fait point cesser le régime dotal quant à l'inaliénabi-

(1) *Travaux préparatoires du Code civil*, Fenet, t. XV, p. 568. — Baudry, t. III, Nos 406 et 1636, *Précis de droit civil*.

(2) Marcadé. *Explication du Code Napléon*, t. XII, *de la Prescription*, Nº 203.

(3) *Cours analytique de Code civil*, 5º vol., Nº 232 *bis*, XXXI.

lité des immeubles dotaux, mais rien que par rapport
aux droits d'administration et de jouissance, qui passent alors du mari à la femme. Certains auteurs et
notamment M. Troplong (1), s'appuyant sur le droit
romain de Justinien et sur la jurisprudence des Par-
lements de droit écrit, soutiennent que l'action en
nullité qui compète à la femme dotale pour l'aliénation indue d'un immeuble dotal, peut être prescrite
à partir du moment où elle peut être intentée ; or,
disent-ils, la femme dotale une fois séparée de biens
peut intenter désormais son action ; donc, cette action
est prescriptible contre elle dès la séparation de biens.
Ils appuyent leur opinion surtout sur le deuxième
paragraphe de l'article 1561, mais nous venons de
voir que ce fondement est ruineux, puisque l'article
en question ne vise que la prescription acquisitive de
l'immeuble dotal par dix à vingt ans, ou par trente
ans, seulement, et point du tout la prescription libératoire décennale des articles 1304, 2255 et 1560 :
donc, la prescription de l'action en nullité que la
femme dotale a pour l'aliénation indue d'un immeuble
dotal ne court pas de la séparation de biens, mais rien
que de la dissolution du mariage (2).

Si l'aliénation indue de l'immeuble dotal a été faite
par le mari seul, trois opinions très divergentes ont
cours. 1° Les uns disent : il y a nullité relative si le mari
a vendu l'immeuble comme bien dotal de la femme, et
cette nullité n'est pas invocable par les tiers ; le mari
est censé avoir promis la ratification de sa femme et
le tiers s'être contenté de cette promesse. Il y a nullité absolue, disent les partisans de l'opinion précédente, si le mari a vendu l'immeuble dotal comme son
propre bien (A. 1599). Dans ce cas, celui où le mari
n'a pas déclaré à l'acheteur la dotalité de l'immeuble,

(1) *Du Contrat de mariage*, 4° vol., N°s 3575 à 3581.
(2) MARCADÉ, *Explication du Code Napoléon*, 6° vol. *Sous l'article 1561*, par. II.

l'acheteur aussi bien que la femme dotale, après la dissolution du mariage ou la séparation de biens, et que le mari avant ces événements, peut faire prononcer la nullité; de plus, l'acheteur évincé peut réclamer au mari, avec le prix de l'acquisition, des dommages-intérêts et l'action ne se prescrit que par trente ans, ce qui est avantageux pour la femme dotale qui a pu ignorer l'aliénation. Encore la prescription de l'action ne court-elle pas pendant le mariage, après la séparation contre la femme et ses héritiers, qui peuvent revendiquer pendant trente ans à partir de sa dissolution. 2° Marcadé (1) soutient que, même dans ce cas, la vente n'est pas faite à *non domino*, à cause de l'étendue des pouvoirs du mari sur les immeubles dotaux; la femme est réputée n'être pas entièrement étrangère à la vente indue faite par son mari; elle est présumée y consentir: donc, d'après Marcadé, même dans ce cas, la vente serait simplement annulable et la prescription n'est que de dix ans. Cette opinion est inadmissible, quant au caractère de la nullité, à la nature et à la durée de la prescription. 3° Enfin, M. Colmet de Santerre (2) dit qu'on ne saurait traduire les mots révocation de l'article 1560 par ceux-ci: rescision ou nullité, quand il s'agit de l'aliénation de l'immeuble dotal consentie indûment par le mari, qu'il l'ait aliéné comme sien ou comme dotal; dans les deux cas, il y aurait nullité absolue invocable par tous les intéressés et ne se prescrivant que par trente ans à partir non pas de la séparation de biens, mais de la dissolution du mariage. Cette troisième opinion, qui ne fait pas la distinction de la première et qui est très favorable à la femme séparée de biens ou non, est la plus conforme aux principes précédemment établis et partant la meilleure.

(1) *Explication du Code Napoléon*, 6ᵉ vol. Titre V. *Du contrat de mariage*, Sect. 2, p. 88.

(2) *Cours analytique de Code civil*, 6ᵉ vol., 332 *bis* xɪɪ.

Un dernier point reste à traiter, déjà effleuré plus
haut à propos de la capacité qu'a la femme dotale une
fois séparée de biens de s'obliger sur les meubles dotaux et les revenus de ses immeubles dotaux, sinon
sur ses immeubles même. Si la femme dotale contracte
des dettes avant la séparation, même dûment autorisée, ces dettes ne peuvent être poursuivies sur la dot
immobilière, c'est sûr; quelques-uns vont plus loin,
et disent même sur sa dot mobilière (1). Voici ce que
cela signifie d'après la jurisprudence : les créanciers
de la femme dotale ne pourraient saisir entre les
mains du mari ce qu'il doit à sa femme pour avoir
aliéné la dot mobilière, et d'autre part, la femme ne
pourrait pas céder la créance dotale qu'elle a contre
son mari en restitution de sa dot mobilière aliénée, ni
transiger là dessus avec les créanciers du mari, ni
abdiquer les garanties qui lui assurent le recouvrement de sa dot, par exemple, son hypothèque légale
en tant qu'elle assure ce recouvrement (2), ni aliéner
cette dot après la séparation de biens avant la dissolution du mariage. Si donc l'on admet avec la jurisprudence l'inaliénabilité de la dot mobilière, il faudra
déclarer entachées de nullité les aliénations consenties par la femme d'objets mobiliers dotaux, corporels
ou incorporels, dont la femme dotale est restée propriétaire ; par suite, elle ne pourra être forcée de les
exécuter si elle ne l'a pas fait, et si elle l'a fait, elle en
invoquera la nullité. Il faut répondre : l'article 1560,
qui contient la sanction de la violation du principe
de l'inaliénabilité consistant dans l'annulation possible de l'aliénation faite en violation de ce principe,
ne parle que de l'aliénation du fonds dotal ; donc, il
n'y a pas de sanction analogue, relativement à l'aliénation des meubles dotaux ; donc, il semble que l'on

(1) Aubry et Rau. *Cours du Code civil*, T. 5, par. 537 *bis*, note 7.
(2) Cass. 6 déc. 82, Sirey, 1884, 1, 27.

puisse conclure de ce silence de la loi, que la dot mobilière est aliénable, non-seulement par le mari dotal en qualité d'administrateur de la dot, comme l'admet la jurisprudence défendue par MM. Aubry et Rau (1), mais encore par la femme dotale avant ou après la séparation de biens. Il faut dire de plus, que si l'on admettait l'inaliénabilité de la dot mobilière, on arriverait à une conséquence encore plus étrange que celle amenée par l'inaliénabilité des immeubles dotaux, qui persiste malgré la séparation de biens intervenue judiciairement. Après cette séparation, la femme dotale reprendrait l'administration de la dot et sa jouissance, mais la dot mobilière dès lors deviendrait inaliénable, absolument comme la dot immobilière; car le mari n'est plus administrateur après la séparation, et partant il ne peut plus aliéner comme précédemment; la femme ne le pourrait pas davantage, sauf pour elle le droit de faire les aliénations de la dot mobilière que comporte une sage administration; il est impossible d'admettre cette solution, car la séparation de biens judiciaire, venant à se substituer au régime dotal, doit rendre à la femme au moins une partie de la capacité que ce régime matrimonial lui enlève; c'est bien assez déjà que l'inaliénabilité immobilière subsiste encore : les meubles dotaux avant la séparation peuvent être valablement aliénés par le mari; le bon sens veut qu'après la séparation, ils ne deviennent pas comme les immeubles absolument inaliénables.

(1) *Cours de Droit civil français,* T. 5, § 537 *bis.*

CHAPITRE V

D'après le droit international privé, par quelle loi doivent être régis les effets du mariage, au point de vue de la capacité des époux.

Premier point. — Il faut appliquer la loi nationale des deux époux, car leurs droits et leurs devoirs sont des conséquences de l'état de famille qui est réglé par la loi nationale des parties, notamment en ce qui concerne la capacité de la femme mariée. Elle est très différente suivant les pays, comme nous le verrons au chapitre suivant, bien qu'il y ait une tendance générale à lui donner plus d'indépendance à l'égard du mari. Ainsi en Russie (1), la femme n'a pas besoin de l'autorisation maritale, sauf pour souscrire une lettre de change, comme nous le verrons plus bas. Depuis 1870 et 1882, en Angleterre, la loi tend à reconnaître à la femme une pleine indépendance à l'égard de son mari, quant aux biens dont elle a la propriété séparée; l'autorisation du mari et celle de justice ne sont pas nécessaires quant à ces biens, même pour les actes de disposition. En France, nous avons vu que la loi était fort sévère pour la femme, surtout en matière extrajudiciaire : l'autorisation générale n'est pas permise sauf pour le commerce; pour toute autre affaire, il faut une autorisation spéciale, c'est-à-dire l'intervention constante du mari ou de la justice dans les affaires de la femme. En Italie, au contraire, l'autorisation peut être générale. De là des difficultés. Par exemple une fille française devient italienne par son mariage; cette femme fait en France un acte de disposition en vertu d'une autorisation générale valable selon la loi italienne et qui ne l'est pas selon la loi française. De là

(1) Guillouard. *Du contrat de mariage*, 1er vol., Sect. 3, parag. 2, Nᵒ 50, p, 52.

conflit. Quelle loi appliquer ? La loi italienne évidemment (1).

Deuxième point. — Que décider si les deux époux
n'ont pas la même nationalité ; par exemple, si le mari
français se fait naturaliser à l'étranger et si sa femme
reste française. Quelle loi faut-il appliquer, celle du
mari ou celle de la femme ? Celle du mari ; car puisqu'il faut choisir, il est nécessaire de faire prédominer la loi du mari, qui est le chef de l'association
conjugale. C'est une conséquence fâcheuse peut-être
pour la capacité de la femme, car le mari français se
fera peut-être naturaliser à l'étranger, pour avoir sur
sa femme restée française des droits plus étendus que
ne lui en donne la loi française : aussi a-t-on soutenu
que la capacité de la femme, dans ce cas, doit toujours
être régie par sa loi nationale. Cette solution ne
saurait être admise. La puissance maritale entraîne
ici, comme une sorte de corollaire, l'incapacité de
la femme qui s'est mariée pour obtenir la protection
du mari à condition de s'incliner devant son autorité :
donc ici il faut que la capacité de la femme soit régie
par la loi nationale du mari, car cette incapacité est
la conséquence forcée de la puissance maritale.

CHAPITRE VI

Incapacité de la femme mariée dans les prin-cipales législations de l'Europe.

Il y a partout une tendance générale à restreindre
l'incapacité de la femme mariée, mais nulle part cette
tendance, longtemps combattue, ne s'est fait jour avec
plus de force qu'en Angleterre.

Pays du Nord. — En Allemagne, la capacité de la
femme en dehors du mariage ne diffère pas de celle

---

(1) Tribunal de la Seine, 6 août 1878. *Journal de droit international privé*, 1879, page 62. — Tribunal de la Seine, 5 août 1881.
Journal de droit international privé 1882, page 617.

de l'homme ; mais une fois mariée, la capacité de la femme est sensiblement la même que celle de notre femme commune en biens (1). Dans les pays Scandinaves, comme en Allemagne, le régime de droit commun est la communauté ; le mari en est le maître, mais sans pouvoir à lui seul aliéner les immeubles propres de la femme. La vente est interdite entre époux dans les mêmes termes qu'en droit français. La femme s'oblige valablement, même pour son mari, avec son autorisation. Veuve, elle redevient maîtresse de sa personne et de ses biens. Une loi suédoise du 11 décembre 1874 (2) va plus loin, elle permet à la femme de conserver par contrat de mariage, même sous le régime de communauté, l'administration de ses biens propres et d'ester en justice pour ce qui concerne ses biens, sans aucune autorisation. Une loi danoise du 7 mai 1880 (3), donne aux femmes mariées la capacité de disposer du produit de leur industrie personnelle sans le consentement de leur mari, malgré la communauté de biens qui constitue le régime légal.

Espagne. — En Espagne, le régime de droit commun est le régime dotal avec communauté d'acquêts (4); mais pas mal de fueros, c'est-à-dire de coutumes, établissent des communautés plus étendues, parfois même la communauté universelle, à défaut de convention contraire des parties. L'autorisation peut être générale et tacite. Celle du mari est remplacée par celle du juge en cas de séparation de biens ou au refus du mari dans tous les cas. Faute d'autorisation, il n'y a qu'une nullité relative de l'acte de la femme. Celle-ci est capable de contracter avec son mari, mais non d'intercéder pour lui.

(1) GUILLOUARD. *Du contrat de mariage*, tome Iᵉʳ, pag. 47, 49, 51. — GIDE. *Étude sur la condition privée de la femme*, pag. 270 à 289.

(2) *Annuaire de la Société de Législation comparée*, année 1875, page 566.

(3) *Annuaire de la Société de Législation comparée*, année 1881, page 533.

(4) GIDE. *Condition privée de la femme*, livre III, ch. v, p. 327.

Italie. — En Italie le régime de droit commun est le régime dotal, et la communauté ne peut jamais comprendre que les acquêts. Si la femme veut contracter avec son mari (1), le cautionner, s'obliger pour lui, l'autorisation de justice est nécessaire pour protéger les biens de la femme contre les abus de pouvoir ou d'influence du mari. L'autorisation maritale n'est plus nécessaire (2) si le mari est incapable ou indigne, car la nécessité de l'autorisation résulte seulement de la puissance du mari. L'autorisation de justice dans ces cas-là n'est pas davantage exigée. Si la femme a obtenu la séparation de corps contre son mari, elle n'a plus besoin d'aucune autorisation. Si la séparation a été prononcée contre elle, la seule autorisation de justice lui est désormais nécessaire. Le mari peut donner dans tous les cas une autorisation générale, mais elle est toujours révocable, à moins qu'elle n'ait été donnée par contrat de mariage.

Angleterre. — En Angleterre, jusqu'à ces derniers temps, il y avait côte à côte deux législations différentes régissant la capacité de la femme mariée (3). Le droit civil connu sous le nom de *common law*, et venu de la législation féodale ; l'*équité*, sorte de *jus gentium* ou de droit prétorien venu des coutumes. D'après le droit civil, le patrimoine de la femme mariée tombe aux mains du mari, qui est saisi de tous les biens de la femme par le seul effet du mariage. La personnalité juridique de la femme s'absorbe dans celle du mari, qui n'a pas à l'assister, mais qui agit pour elle ; il n'y a qu'une chose qu'il ne puisse faire, c'est aliéner ses immeubles. La femme ne peut même tester sans son agrément ; en revanche, elle a droit à un douaire. D'après l'*équité*, le mari ne peut agir

(1) Code civil de 1865, A. 1433.

(2) Code civil de 1865, A. 134, 136.

(3) Note de M. Esmein, 2° édition de la *Condition privée de la femme*, par GIDE, livre III, ch. II, p. 259 à 269.

qu'avec le consentement de la femme, qui peut posséder des biens en propre ; elle peut les administrer et même en disposer sans autorisation. Elle peut traiter avec le mari et notamment se porter valablement caution pour ses dettes personnelles en obligeant à cette dette les biens dont elle a la jouissance séparée. Tel était l'état de la législation jusqu'en 1870. Un act, c'est-à-dire une loi de cette année soustrait certains biens de la femme, ceux acquis par son industrie séparée pendant le mariage, par donation, par legs ou par succession *ab intestat*, à l'absorption dans le patrimoine du mari ; les premiers de plein droit, les autres moyennant certaines formalités. Elle peut disposer de ces biens et les engager par contrat. Enfin, un act de 1882 élargit singulièrement la capacité de droit commun de la femme mariée ; elle conserve la propriété et la jouissance de tous les biens qu'elle a en se mariant ou qu'elle acquerra par la suite ; elle peut en disposer sans autorisation du mari ni de justice. Elle peut ester en justice et contracter sans aucune autorisation ; elle reste seule tenue de toutes ses dettes. Donc, en fait, depuis 1882, le régime de droit commun en Angleterre, c'est la séparation de biens plus large encore qu'en France, puisqu'elle débarrasse la femme de toute espèce d'autorisation, comme si elle n'était pas mariée du tout (*in the same way as if she were a feme sole*). En revanche, pour empêcher le mari de soustraire à ses créanciers une partie de sa fortune en la faisant passer sous le nom de sa femme, de ce qu'un bien est au nom de la femme, il en résulte seulement une présomption *juris tantum* que c'est un propre de la femme ; la preuve contraire est admise. Si la femme prête de l'argent à son mari négociant, qui fait faillite, ces valeurs demeurent le gage des créanciers, et c'est seulement quand ils ont été désintéressés que la femme peut réclamer ce qui reste. En sens contraire, la femme qui soustrait ses

biens aux atteintes du mari par les clauses de propriété
séparée, peut elle-même ajouter la clause de *restriction against separation*, qui lui interdit de disposer de
ses biens elle-même, de les aliéner, de les engager par
ses obligations. A côté de la séparation de biens, la loi
permet donc d'introduire par convention le régime dotal
dans toute sa rigueur; en effet, la femme peut, par cette
clause du contrat de mariage, soumettre à la dotalité
et par là, à l'inaliénabilité absolue tous ses biens présents et à venir, et établir ainsi une incapacité contractuelle qui n'est pas admissible en droit français, le
tout, réserve faite des droits que conservent sur les
biens de la femme même dotale ses créanciers antérieurs au mariage. Même sous ce régime d'absolue
dotalité, la justice a le droit de permettre à la femme
d'aliéner ses biens quelconques et de s'obliger dessus,
si elle le juge utile. Les biens dont la femme mariée est
gratifiée par donation ou testament peuvent être sous-
traits à l'action des créanciers même antérieurs, par la
volonté expresse du donateur ou du testateur. La liberté
des conventions matrimoniales permet d'attribuer au
mari en tout ou en partie la jouissance ou l'administration des biens de la femme. La femme a droit au
douaire si le mari ne le lui enlève pas expressément. Si
le mari meurt intestat, elle est appelée au premier
rang en qualité d'héritière des biens personnels du mari,
pour un tiers s'il laisse des enfants, pour moitié dans
le cas contraire. Elle-même peut tester valablement
sans aucune autorisation; mais si elle meurt intestat,
le mari survivant acquiert la propriété de tous les biens
personnels provenant de sa femme et l'usufruit de
biens *réels* lorsqu'il est né un enfant du mariage. En
un mot, le régime de droit commun est désormais la
séparation de biens avec toutes ses conséquences ;
mais par le contrat de mariage on peut diminuer la
capacité de la femme autant qu'on veut, et la réduire
à une incapacité absolue, par l'adoption d'un régime

dotal avec dotalité de tous biens présents et à venir.
Pour la femme mariée comme pour la fille majeure
ou la veuve, la règle en Angleterre, depuis 1882, c'est
la capacité la plus complète, sur un pied parfait d'é-
galité avec le mari; l'incapacité est l'exception et ne
peut résulter que du régime matrimonial et des clauses
adoptées expressément par le contrat de mariage. En
France, le droit commun est une situation intermédiaire entre la capacité et l'incapacité absolues, qu'il
est même impossible d'établir entièrement par contrat
de mariage, sans adopter tel ou tel régime.

CHAPITRE VII

**Réformes à introduire dans la législation fran-
çaise au sujet de l'incapacité civile de la femme
mariée.**

Le Code civil est plein de discordances sur la
matière qui nous occupe. Ses rédacteurs n'ont pas su
prendre parti sur la question de savoir quel est le
fondement de l'incapacité de la femme mariée, et faute
d'idées nettes, ils ont mêlé dans les diverses dispositions de leur œuvre des décisions tout à fait contra-
dictoires, ou qui paraissent telles. Les rédacteurs du
Code auraient dû choisir entre les deux principes et
adopter le second. Pour être logique dans les déduc-
tions à tirer du principe admis, il faudrait établir les
cinq règles suivantes, comme le propose M. Sée,
dans un projet de loi déposé à la Chambre des Dé-
putés le 7 mars 1880, et qui se trouve inséré au *Journal officiel* du 11 mai de la même année. 1° La femme,
même séparée de biens, ne peut donner, aliéner,
hypothéquer, acquérir à titre gratuit ou onéreux,
contracter, obliger ou s'obliger, sans le concours
du mari à l'acte ou son consentement par écrit. 2° Cette
autorisation n'a pas besoin d'être spéciale. Pourquoi
exiger cette entrave de la spécialité, si le mari est

11*

obligé souvent de s'absenter ? 3° Aucune autorisation
ni du mari, ni de justice, n'est nécessaire à la femme
pour contracter ou ester en justice : 1° quand le mari
est frappé d'une peine afflictive et infamante, ou
infamante seulement; 2° quand il est présumé ou
déclaré absent ; 3° enfermé dans une maison d'aliénés;
4° pourvu d'un conseil judiciaire ; 5° mineur; 6° interdit.
En effet, la femme tutrice de son mari ou gérant la
communauté pour son mari jouit de droits plus étendus sur les biens de son mari et sur les biens de la
communauté que sur ses biens propres, d'après le
droit en vigueur; en effet, elle peut alors intenter
seule les actions mobilières de son mari, dans le cas
d'interdiction, et même les actions immobilières dans
le cas d'absence, tandis qu'elle ne peut exercer ses
propres actions, même mobilières, dans ces deux cas,
qu'avec l'autorisation de la justice. 4° Il faudrait encore
dispenser la femme mariée de toute autorisation,
quand elle a obtenu la séparation de corps ou de
biens contre son mari, ou qu'elle est mariée sous le
régime de séparation de biens dotal sans dot et dotal
quant aux paraphernaux. 5° La nullité fondée sur le
défaut d'autorisation ne devrait pouvoir être opposée
que par le mari seul, et cela jusqu'à la séparation
de biens. Finalement, il semble qu'on pourrait sou-
haiter une réforme plus considérable encore, et analogue à celle introduite en Angleterre par les act
de 1870 et 1882, et qui ont fait passer la femme
mariée anglaise d'une servitude plus dure que celle
de droit commun établie par le Code civil, à une
liberté presque sans bornes, plus étendue assurément
que celle obtenue par l'adoption du régime de séparation de biens. Le régime de droit commun serait la
séparation, c'est-à-dire la pleine capacité de la femme,
et la liberté des conventions permettrait en même
temps de restreindre cette indépendance autant qu'on
le voudrait, en allant même jusqu'à établir l'incapacité

absolue de la femme mariée, qui résulterait de l'adoption du régime dotal avec dotalité de tous biens présents et à venir. En France, la liberté des conventions permet, comme nous l'avons vu dans cette étude, de restreindre l'incapacité de droit commun de la femme mariée. En Angleterre, cette même liberté permet de restreindre la capacité du droit commun ; c'est donc la règle précisément inverse qui est établie. Il semble qu'elle est plus pratique tout ensemble et plus juste. A tout le moins peut-on espérer que l'incapacité de droit commun établie par le Code civil pour la femme mariée, soit, en dehors des atténuations possibles résultant du contrat de mariage, ramenée à des limites plus exactes et plus conformes au principe d'où dépend l'incapacité.

CHAPITRE VIII

Incapacité politique de la femme

En France, comme à Rome (1), les femmes mariées ou non mariées sont exclues de la vie politique : elles ne peuvent même, après leur majorité civile, être électeurs ni éligibles. Pourquoi? On dira que les différences sexuelles au point de vue moral et intellectuel sont très grandes, mais les différences ne sont pas moindres d'homme à homme, et par conséquent cette raison ne vaut rien. La maxime d'un auteur comique :

Du côté de la barbe est la toute puissance,

ne repose que sur un préjugé et non pas sur un fondement sérieux, elle ne fait que constater ce qui est, sans établir que l'usage soit conforme au droit. C'est une tradition et rien de plus.

En Égypte, les femmes peuvent régner, témoin

(1) LABOULAYE. *Recherche sur la condition civile et politique des femmes,* livre 1er, section III, ch. 5; livre II, sect. III, ch. IV, et liv. V en entier.

Cléopâtre ; au contraire, en Grèce et à Rome, sous l'empire comme sous la République, les femmes n'ont aucun droit politique. Agrippine excite l'indignation générale par ses prétentions, non pas même à l'Empire, mais à diriger l'Empereur et le Sénat ; de même chez les peuples germaniques et chez les Francs notamment, où la loi salique (1) excluait les filles de la couronne. Le royaume de France est de si grande noblesse qu'il ne doit, même par succession, aller à femelle (2). Les Bretons seuls font exception, au rapport de Tacite (3). En droit féodal comme en droit germanique et comme à Rome, les femmes ne peuvent remplir certaines fonctions d'intérêt public, comme celles de magistrat, de juge, de témoin instrumentaire, de tutrice, sauf la mère et les ascendantes. Enfin, par une suite des mêmes idées le *senatusconsulte Velleien* leur défend de s'obliger pour autrui. A l'origine du régime féodal, les femmes n'étaient pas admises à posséder des fiefs. Plus tard, elle le purent, et elles obtinrent du même coup tous les droits de la souveraineté, particulièrement celui de rendre la justice par elles-mêmes ou par leurs officiers (4). En général, les fiefs étaient féminins, c'est-à-dire pouvaient être possédés par des femmes, notamment Navarre, Artois, Normandie, Guyenne et Bretagne, témoins Éléonore et Anne. Cependant les femmes ont toujours été exclues de la royauté en France, bien qu'elles aient de tout temps été admises à exercer la régence, comme Blanche de Castille, mère de Saint Louis, et Anne d'Autriche, mère de Louis XIV. Cette règle, vraie ou fausse, devint l'occasion de la guerre de Cent ans, quand

(1) « *De terra salicâ nulla portio hereditatis mulieri veniat.* » L. XII, p. 6.

(2) FROISSART. L. Ier, ch. 22.

(3) Vie d'Agricola, ch. XVI : « *Neque sexum in imperiis discernunt.* »

(4) LABOULAYE, *op. cit.*, l. IV, sect. 1, tit. 1, ch. 5 et 8, et les autorités auxquelles il renvoie, *Assises de Jérusalem* notamment.

Philippe IV de Valois, petit-fils par son Père de Philippe III le Hardi, fut préféré à Édouard III, petit-
fils par sa mère de Philippe IV le faux monnayeur.
De même, à la fin des guerres de religion, on préféra,
après la mort de Henri III, Henri IV qui descendait
par les hommes d'un frère de Saint Louis, Robert
de Clermont, à l'infante Claire-Isabelle-Eugénie, qui
par sa mère Élisabeth de France, femme de Philippe II,
était la petite-fille d'Henri II. Il en est autrement de
la couronne d'Autriche, où Marie-Thérèse succéda à
son père Charles VI; on admet les femmes à régner
à défaut d'héritiers mâles du même degré ; c'est la
règle en Suède, en Angleterre, en Écosse, en Russie,
en Portugal et en Espagne, même depuis l'établissement dans ce pays d'une dynastie française avec Philippe V de Bourbon. Il suffit de citer Élisabeth, Marie
Stuart, Catherine, Christine, Marie da Gloria et les
deux Isabelle.

Bodin (1), Montesquieu (2) et Condorcet, les premiers, ont soulevé la question des droits politiques des
femmes. De notre temps, M. John Stuart Mill (3) a été
le principal défenseur de l'assimilation des femmes
aux hommes dans ce domaine. Il a fait remarquer
avec raison que les femmes sont aussi capables que
les hommes en général, qu'elles sont subordonnées
dans la famille et la société à leur père et à leur mari,
que partant elles ont plus d'intérêt à être garanties
contre les abus possibles de l'autorité privée et publique. Peu importe après tout si elles votent habituel-
lement comme leur mari ou leur père : ce serait au
contraire un heureux résultat s'il n'est pas dû à une
pression abusive. Peut-être même les hommes vote-
raient-ils mieux si les femmes étaient appelées à voter
elles aussi? Enfin les femmes, entrant dans la vie

(1) *De la République*, livre VI, ch. V.
(2) *Esprit des lois*, l. VII, ch. 17.
(3) *Gouvernement représentatif*, ch. VIII.

publique et sociale sur un pied parfait d'égalité avec les hommes, acquerraient des sentiments plus élevés et sans doute une conscience plus vive de leur valeur et de leur dignité. Il faut l'avouer, toutes les fois que les femmes sont chefs de famille, c'est-à-dire ou filles majeures ou veuves, il n'y a pas de bonne raison pour leur refuser le droit de voter : ne sont-elles pas pleinement capables, ou peu s'en faut, dans le domaine de la vie civile ?

Depuis longtemps on demande cette réforme dans la constitution politique du pays, en Angleterre, et même elle y est déjà réalisée en partie ainsi que chez d'autres nations, comme l'Autriche et les États-Unis. En Angleterre il y a un certain nombre de femmes qui sont par droit héréditaire membres de la chambre des Lords à titre de pairs du royaume, mais par une étrange inconséquence elles ne peuvent siéger ; leur siège passera au mâle appelé à leur succéder comme chef de famille, quand il aura atteint l'âge de la majorité politique fixée par la loi : le nombre de ces pairesses *in partibus* était, en 1884, de sept (1). Dans notre ancienne monarchie, les femmes siégèrent parfois à la cour des Pairs (2). Voici quelque chose de plus sérieux. En Angleterre il y a des Comités scolaires (*School board*), établis dans chaque paroisse par une loi de 1870, nommés par le suffrage des parents qui ont des enfants écoliers dans les écoles primaires, publiques ou libres ; ces comités sont chargés de la haute surveillance sur ces deux sortes d'écoles et de la nomination ou présentation des instituteurs ou institutrices publics ; eh bien ! les femmes chefs de famille sont non-seulement électeurs mais éligibles à ces conseils, et, comme le vote est cumulatif, en fait plusieurs d'entre elles sont arrivées

(1) *Almanach de Gotha*, année 1886, page 744.
(2) Bodin. *De la République*, livre vi, ch. 5. — Laboulaye, *op. cit.*, p. 443, note 3.

à se faire nommer membres de ces comités. Dans
certains Etats des Etats-Unis de l'Amérique du Nord
on accorde aux femmes le droit de suffrage, mais
non d'éligibilité, pour les conseils municipaux (1).
En Autriche le droit de vote appartient aux femmes
quand elles administrent librement leur fortune sous
le régime de séparation de biens (il ne faut pas ou-
blier que le droit de suffrage repose en Autriche sur
le cens), mais elles ne peuvent voter que par représentant, comme le font, dans ce même pays, les
personnes morales légalement reconnues. En France
même, sous l'empire de la Charte constitutionnelle
de 1814, modifiée par la loi du 22 août 1831, article 8,
la femme veuve et celle séparée de biens payant un
cens de 200 francs avaient le droit de désigner celui
sur lequel elles voulaient reporter leur droit de vote,
en le choisissant parmi les catégories suivantes : fils,
petit-fils, gendre et mari de petite-fille.

Voici la conclusion à laquelle nous nous arrêtons
définitivement en matière politique :

Il semble qu'on peut avec raison refuser le droit de
suffrage et celui d'éligibilité *à fortiori* aux femmes
majeures qui sont en puissance maritale ; car le leur
accorder, ce serait peut-être dissoudre l'unité de la
famille, troubler l'harmonie du ménage, porter atteinte
aux droits du mari comme chef, selon l'article 1388 ;
la femme mariée doit s'effacer devant le mari, pendant
toute la durée du mariage, au moins jusqu'à la séparation de biens. D'ailleurs il faudrait que les mœurs
consentissent à cette transformation dans la situation
de la femme. Pour qu'elles fussent électeurs et éligibles, il faudrait qu'elles fissent tout le nécessaire afin
de s'acquitter de ce devoir et exercer ces droits. Il ne
semble pas que ce soit facile, bien que ce soit possible
à la rigueur ; il faut donc attendre que le progrès des

(1) CH. GIDE. *Cours de Droit constitutionnel.*

mœurs le permette, avant que la loi l'établisse comme règle.

A côté de cette question une autre se pose subsidiairement. Quant un homme est marié, quand un père a des filles, ne devrait-il pas pouvoir disposer, le jour du vote, de plus d'un suffrage ? Je réponds affirmativement sans hésiter. Ils représentent des catégories de personnes qui, pour n'avoir pas le droit de voter, ne laissent pas que d'être membres de la société politique et d'y avoir des intérêts importants, moraux et pécuniaires, tout aussi bien que les hommes majeurs. Un chef de famille, homme ou femme, devrait avoir un suffrage pour lui-même et en sus autant d'autres suffrages qu'il a sous son autorité maritale ou paternelle de personnes appartenant à ces catégories exclues du droit de vote, c'est-à-dire mineurs, filles et garçons, et femme mariée. C'est là une réforme juste, profitable à réaliser et dont l'application n'entraînerait aucune difficulté pratique, car c'est une pure question d'état civil qu'il est très facile de constater.

TABLE DES MATIÈRES

www.ingramcontent.com/pod-product-compliance
Lightning Source LLC
Chambersburg PA
CBHW072343200326
41519CB00015B/3639